SACS EN PATCHWORK

À créer soi-même

25 modèles à sortir pour toutes les occasions

SACS EN PATCHWORK

À créer soi-même

25 modèles à sortir pour toutes les occasions

PHOTOGRAPHIES DE TINO TEDALDI

Ellen Kharade

MANISE

Édition originale publiée en 2005 par Cico Books Ltd
32 Great Sutton Street, London EC1V 0NB

Connectez-vous sur www.lamartinière.fr

Traduit de l'anglais par Delphine Nègre-Bouvet

Illustrations : Kate Simunek
Édité par : Alison Wormleighton
Photographies : Tino Tedaldi
Conception : Christine Wood
Stylisme : Denise Brock
Compléments : Emma Hardy and Hilary More

Achevé d'imprimer en juillet 2005
Dépôt légal : septembre 2005
ISBN : 2-84198-259-9
Imprimé et relié en Chine

sommaire

sacs à promener

Toute garde-robe digne de ce nom se doit d'inclure un bon choix de sacs à main, assortis à vos tenues et témoins de vos goûts et de votre personnalité. Et quel meilleur moyen de se constituer une collection unique que de les confectionner soi-même en déclinant à l'infini la technique du patchwork ? En alliant savoir ancestral et étoffes contemporaines, vous serez à même de créer toutes sortes de sacs pimpants et actuels, à emporter partout. Ce chapitre présente divers styles, du classique au résolument moderne, tous aussi chics que simples à réaliser.

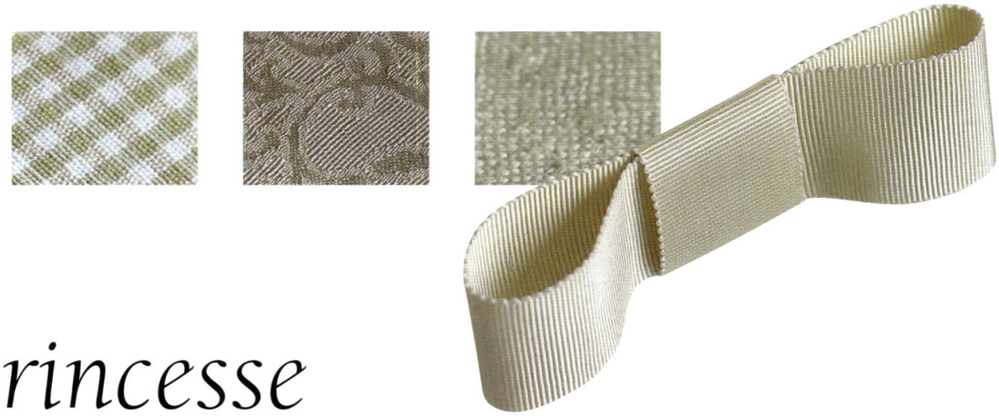

Sac princesse

Cet élégant sac à main « années cinquante » se compose de carrés de tissu coordonnés, choisis dans plusieurs nuances d'une même couleur pour une touche fraîche et sophistiquée. Un ruban de gros-grain joliment plié forme une délicate bordure, assortie aux anses et au nœud décoratif. À l'intérieur, une doublure sombre à petits pois met parfaitement les coloris pastel en valeur.

Dimensions : 22,5 cm de largeur, 20,5 cm de hauteur (anses non comprises), 4,5 cm de profondeur.

Fournitures :

- Chutes de quatre tissus imprimés, dans les mêmes tons (ici, vert pâle)
- 20 cm de lin uni, assorti
- Cutter rotatif, règle acrylique et plaque de découpe (facultatif)
- Fil à coudre assorti
- 20 x 50 cm d'entoilage thermocollant
- 20 cm de tissu imprimé, dans une couleur contrastée (ici, vert foncé à pois), pour la doublure
- 3 m de gros-grain en 2,5 cm de large
- Feutre effaçable (facultatif)

Un assortiment de tissus vert pâle soulignés de gros-grain crée un petit air rétro.

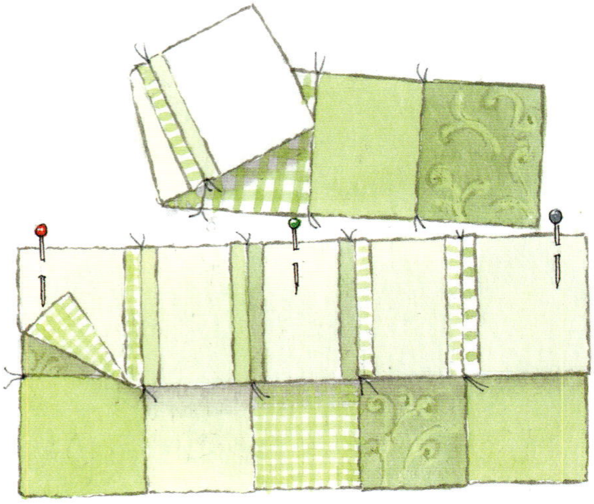

1 Coupez quarante carrés de 5,5 cm de côté dans les tissus imprimés et le lin (environ six à dix carrés pour chaque tissu et le lin). Servez-vous éventuellement d'un cutter rotatif, d'une règle acrylique et d'une plaque de découpe pour couper deux épaisseurs de tissu à la fois.

2 Pour former le dos et le devant, cousez cinq carrés unis et imprimés en bande, bord à bord et endroit contre endroit, en piquant à 5 mm du bord. Confectionnez sept bandes de plus de la même manière, puis ouvrez les coutures au fer. Épinglez deux bandes bord à bord et endroit contre endroit, en faisant coïncider les coutures ; piquez à 5 mm du bord. Assemblez deux autres bandes à celles-ci de la même manière, pour terminer le devant. Faites de même avec les quatre bandes restantes pour former le dos. Ouvrez les coutures au fer.

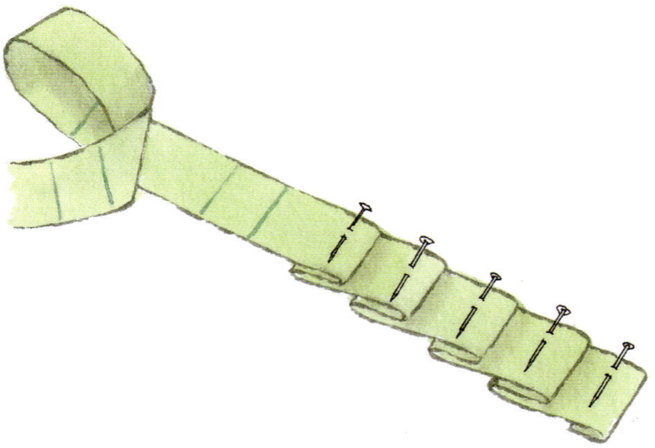

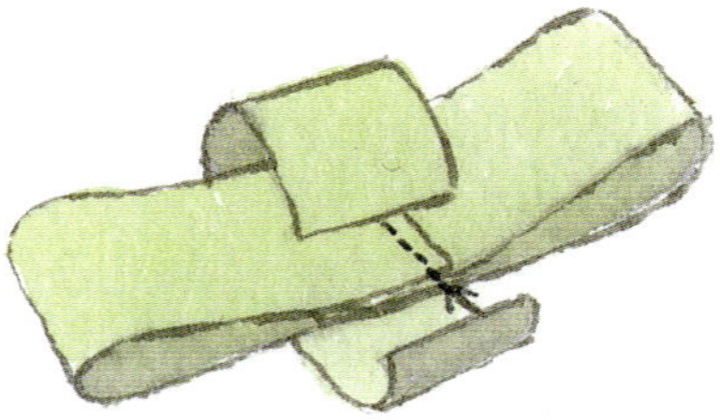

5 À l'aide d'épingles ou d'un feutre effaçable, et en commençant à gauche du ruban, faites une marque à 3 cm du bord, puis une autre à 1,5 cm de la première. Faites une troisième marque 3 cm plus loin, puis une quatrième 1,5 cm plus loin. Continuez ainsi pour obtenir quatorze paires de marques. Rabattez l'extrémité gauche d'1,5 cm sur le dessous, puis plissez le ruban en faisant un pli extérieur à la marque gauche de chaque paire et un pli intérieur à la marque droite de chaque paire, en épinglant les plis au fur et à mesure. Vérifiez que le ruban plissé coïncide parfaitement avec la largeur supérieure du sac (ajustez si nécessaire). Coupez le ruban à la dernière marque, en le rabattant d'1,5 cm à droite.

6 Répétez l'étape 5 pour confectionner un deuxième ruban plissé. Faufilez le bord inférieur des rubans plissés, en retirant les épingles. Endroit contre endroit, épinglez et faufilez les rubans (à la machine) sur l'endroit du devant et du dos, en faisant coïncider le bord inférieur de chaque ruban avec le bord supérieur du sac. Pour le nœud, coupez 21,5 cm de gros-grain et faites se chevaucher les extrémités sur 5 mm pour former une boucle, jointure au centre. Faufilez les trois épaisseurs à la machine. Coupez 6,5 cm de gros-grain et entourez-en le centre de la boucle, en faisant se chevaucher les extrémités sur 5 mm. Cousez les extrémités à la main puis piquez le tout.

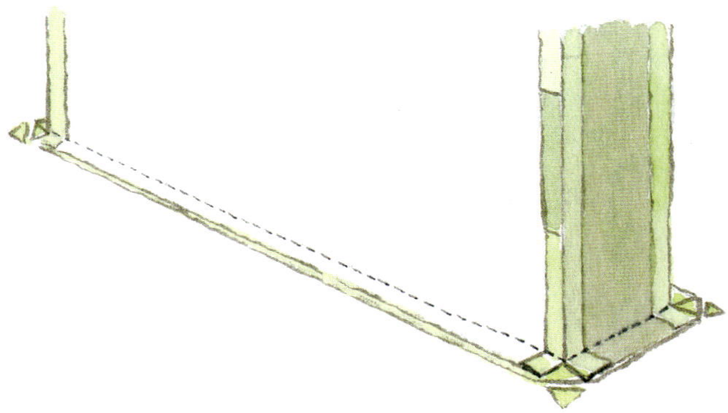

3 Découpez deux pièces d'entoilage de mêmes dimensions que le devant et le dos (environ 19 x 23,5 cm chaque). En suivant les instructions du fabricant, repassez l'entoilage sur l'envers de chaque patchwork, en veillant à ce que les réserves soient bien à plat. Découpez deux bandes de lin pour les côtés, chacune de 5,5 cm de large et de même hauteur que le patchwork (19 cm environ), ainsi qu'une bande pour la base de 5,5 cm de large et de même largeur que le patchwork (23,5 cm environ). Coupez cinq pièces de doublure de mêmes dimensions que le devant, le dos, les deux côtés et la base.

4 Bord à bord et endroit contre endroit, épinglez les côtés au devant, puis cousez-les en piquant à 5 mm du bord et en laissant 5 mm non cousus en bas. Assemblez le dos de la même manière. Bord à bord et endroit contre endroit, épinglez la base à 5 mm du bord, en laissant les 5 mm non cousus de chaque côté s'ouvrir à chaque coin (voir illustration). Si nécessaire, modifiez la taille de la base ou la largeur des coutures pour un ajustement parfait. Piquez en pivotant aux angles. Coupez le coin des réserves et ouvrez les coutures au fer. Retournez le sac sur l'endroit et repassez-le. Confectionnez la doublure de la même manière, mais en laissant un long côté de la base non cousu.

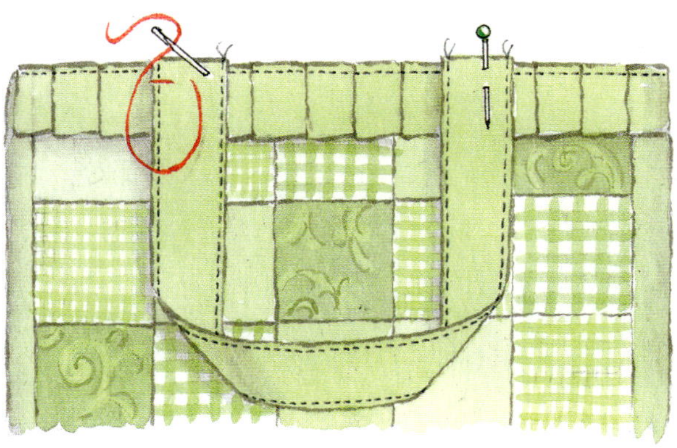

7 Pour les anses, coupez deux longueurs de 61 cm de gros-grain et superposez-les. Épinglez et piquez-les tout près des bords latéraux, puis coupez la bande en deux pour obtenir deux anses de double épaisseur. Épinglez et faufilez les extrémités d'une anse sur l'endroit du devant, par-dessus le ruban plissé, à 4,5 cm de chaque côté du sac, en les faisant coïncider avec le bord supérieur du sac. Épinglez et faufilez l'autre anse sur le dos de la même manière.

8 Insérez la doublure, côté envers à l'extérieur, dans le sac retourné à l'endroit. Bord à bord et coutures latérales alignées, épinglez la doublure sur le pourtour du sac, puis piquez-la à 5 mm du bord. Ensuite, tirez-la du sac afin que l'endroit soit à l'extérieur. Repassez la couture puis rentrez une réserve de 5 mm au fer le long de l'ouverture située à la base de la doublure. Cousez ces bords au point d'ourlet et rentrez la doublure dans le sac ; repassez. Cousez manuellement la piqûre latérale du devant sur la piqûre latérale du dos en haut du sac, à l'intérieur (voir illustration). Fixez le nœud sur le devant du sac, près du bord supérieur. Retirez le faufil visible.

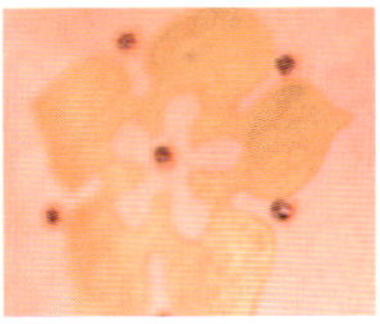

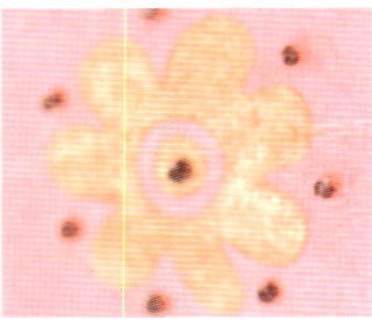

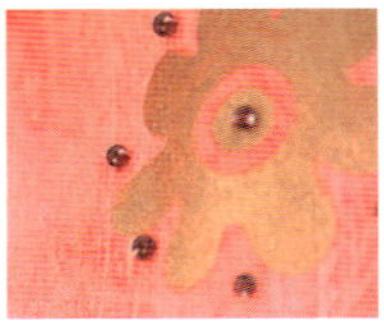

Sac en soie à fleurs dorées

Ce ravissant sac à main paraît beaucoup plus élaboré qu'il ne l'est en réalité. Il se compose de carrés de soie de différents tons pastel, ornés de perles de verre et de fleurs dorées à la main. Le tout est entouré de bandes de soie unie dans les mêmes tons. Les côtés, le dos, la base et les anses sont confectionnés dans un velours plus soutenu. Une doublure de satin et une jolie fermeture à bouton achèvent l'ensemble.

Dimensions : 23 cm de largeur, 23 cm de hauteur (anses non comprises), 4,5 cm de profondeur.

Fournitures :

- ◆ 20 cm de soie, dans au moins quatre coloris (ici, rose pâle, rose moyen, pêche et orange)
- ◆ 30 cm de velours, dans un coloris plus soutenu (ici, rose vif)
- ◆ 30 cm de satin, de même couleur que le velours, pour la doublure
- ◆ Cutter rotatif, règle acrylique et plaque de découpe (facultatif)
- ◆ Morceau d'éponge, peinture dorée pour tissu, pinceau fin
- ◆ Tampons « fleur » (deux motifs différents)
- ◆ Fil à coudre assorti
- ◆ Carré de 26 cm d'entoilage thermocollant
- ◆ Trente petites perles de verre, dans une couleur assortie (ici, lilas)
- ◆ 30 cm de ruban fin, dans une couleur assortie (ici, rose)
- ◆ Un bouton et une paillette, de même couleur que le ruban

Le velours rose vif souligne la soie rose pâle et pêche que ravivent des fleurs dorées à la main.

1 Pour le devant, coupez deux carrés de soie de 8,5 cm de côté dans deux couleurs (ou un carré de chaque couleur), deux bandes de 6 x 16 cm dans une troisième couleur et deux bandes de 6 x 26 cm dans la quatrième couleur. Pour le dos, coupez un carré de velours de 26 cm de côté, et pour les côtés et la base, trois bandes de velours de 7,5 x 26 cm. Coupez enfin deux carrés de satin de 26 cm de côté et trois bandes de 7,5 x 26 cm. Servez-vous éventuellement d'un cutter rotatif, d'une règle acrylique et d'une plaque de découpe pour couper les tissus (sauf le velours) sur deux épaisseurs à la fois.

2 Posez les pièces du devant sur du journal ou du plastique afin de protéger votre plan de travail. Trempez l'éponge dans un peu de peinture et passez-la légèrement sur l'un des tampons. Pressez le tampon au centre d'un carré de soie, puis relevez-le délicatement. Retouchez les parties mal imprimées à l'aide du pinceau et d'un peu de peinture. Réutilisez le tampon pour le carré diagonalement opposé au premier, et servez-vous du deuxième tampon pour les deux autres carrés. Laissez sécher. Étendez un torchon propre sur la soie peinte et repassez le motif pour le fixer, en suivant les instructions du fabricant.

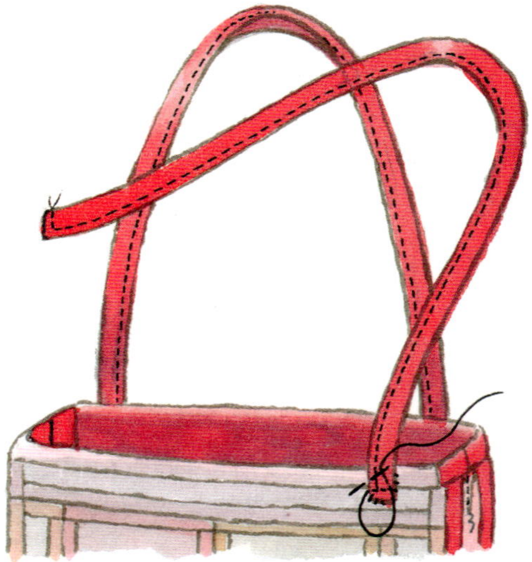

5 Éventuellement, faites une petite pince sur chaque côté supérieur, afin de mettre le sac en forme. Rentrez 1,5 cm au fer sur tout le pourtour supérieur du sac.

6 Pour les anses, coupez deux bandes de velours de 4 x 50 cm. Repliez un bord d'une des bandes au centre de la bande, envers contre envers, et faufilez à la main. Faites de même avec l'autre bord. Rentrez 5 mm à chaque extrémité, puis pliez la bande dans la longueur afin d'enfermer les bords de coupe. Épinglez et piquez le long du bord et des extrémités. Procédez de même pour la deuxième anse. Épinglez et faufilez les extrémités d'une anse sur l'envers du devant, et les extrémités de l'autre anse sur l'envers du dos, en les plaçant exactement à la même distance des côtés du sac.

3 Pour former le devant, épinglez et piquez les carrés bord à bord et endroit contre endroit, à 5 mm du bord, en ouvrant les coutures au fer au fur et à mesure et en travaillant dans l'ordre suivant : assemblez d'abord les deux carrés supérieurs, faites de même pour les carrés inférieurs, puis piquez ces deux bandes ensemble en alignant les coutures. Piquez une des courtes bandes de soie de chaque côté, puis les deux bandes longues en haut et en bas. Coupez un carré d'entoilage de 26 cm de côté. En suivant les instructions du fabricant, repassez l'entoilage sur l'envers du patchwork, en veillant à ce que les réserves soient bien à plat. Décorez les fleurs tamponnées de petites perles cousues à la main, au centre et tout autour.

4 Bord à bord et endroit contre endroit, épinglez les bords longs des deux bandes de velours sur les côtés du devant, afin de former les côtés du sac. Piquez à 1,5 cm du bord, en laissant 1,5 cm non cousu en bas. De même, assemblez les autres bords longs du velours aux côtés du dos. Bord à bord et endroit contre endroit, épinglez la base à 1,5 cm du bord, en laissant les 5 mm non cousus de chaque côté s'ouvrir à chaque coin (voir illustration). Si nécessaire, modifiez la taille de la base ou la largeur des coutures pour un ajustement parfait. Piquez en pivotant aux coins. Coupez le coin des réserves et ouvrez les coutures au fer.

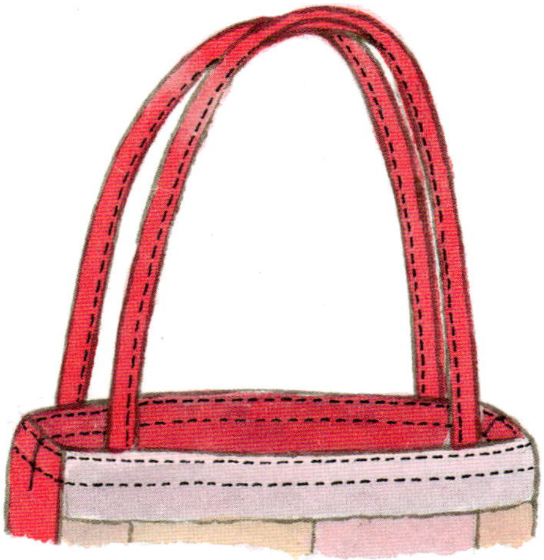

7 Confectionnez la doublure de satin de la même façon que le sac (étapes 4 et 5). Retournez le sac sur l'endroit et insérez la doublure, côté envers à l'extérieur, à l'intérieur du sac, en faisant coïncider les coutures latérales. Épinglez soigneusement la doublure contre le pourtour supérieur du sac, puis piquez près du bord. Retirez le faufil. Pour renforcer les anses, effectuez une deuxième couture, parallèle à la première, en prenant soin de piquer l'extrémité des anses.

8 Confectionnez une boucle avec le ruban et cousez-le à la main sur l'envers du dos, au centre. Cousez un bouton sur l'endroit du devant, et agrémentez-le d'une paillette en son centre. Fermez le sac en passant la boucle autour du bouton.

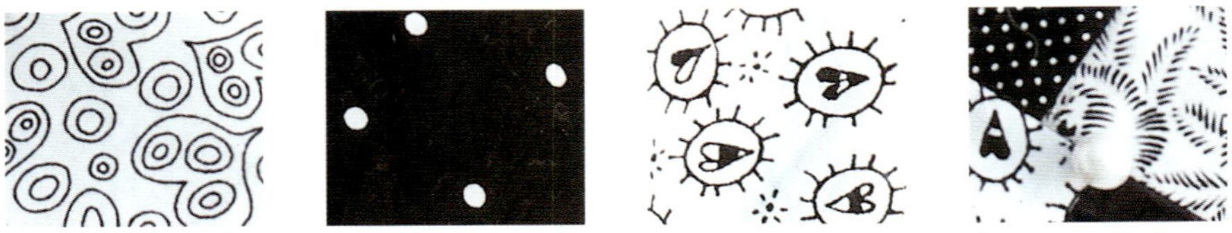

Sac rond noir et blanc

Composé d'un patchwork inégal de divers tissus à motifs noir et blanc, ce petit sac au style incomparable se marie aussi bien avec des vêtements de sport blancs qu'une petite robe du soir noire, à moins qu'on ne préfère l'associer à des rayures ou une couleur unie et franche comme le rouge. L'anse noire rappelle la forme du sac et le ton d'ensemble des couleurs, tandis que la disposition diagonale des carrés lui confère un certain dynamisme. Ce sac se confectionne en un clin d'œil, les rectangles étant assemblés en longues bandes qu'il suffit de coudre ensemble.

Dimensions : 35,5 cm de diamètre (anses non comprises).

Fournitures :

- 10 cm (chaque) de six tissus imprimés en noir et blanc
- 10 cm de tissu noir
- Cutter rotatif, règle acrylique et plaque de découpe (facultatif)
- Fil à coudre assorti
- 40 cm d'entoilage thermocollant
- Papier pour les gabarits
- 30 cm de ficelle
- Une paire d'anses rondes noires de 15 cm de diamètre
- Seize boutons ronds en nacre
- 40 cm de tissu noir ou blanc, pour la doublure

L'association du noir et du blanc donne à ce sac une allure résolument moderne.

1 Dans chacun des sept tissus, coupez une bande de 8,5 cm de large et d'environ 1 m de long. Ensuite, coupez les bandes en rectangles de 4 à 10 cm de large, pour obtenir environ quatre-vingts pièces de même longueur mais de largeurs différentes (les pièces de tissu noir rendront mieux si elles ne dépassent pas 5 cm de large). Servez-vous éventuellement d'un cutter rotatif, d'une règle acrylique et d'une plaque de découpe pour couper deux épaisseurs de tissu à la fois.

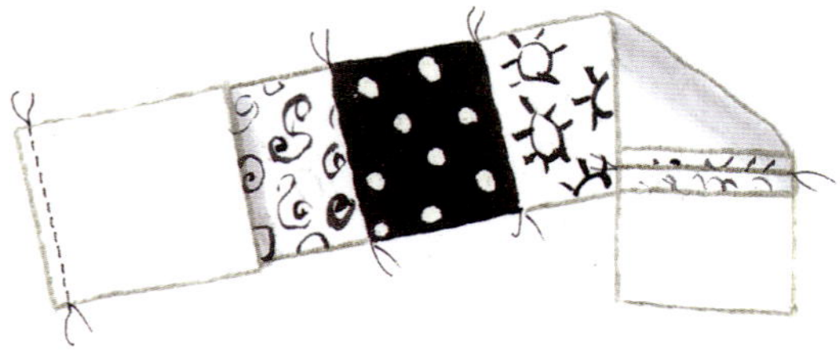

2 Bord à bord et endroit contre endroit, épinglez deux pièces différentes sur un côté et piquez-les à 5 mm du bord. Répétez pour obtenir une bande de sept à neuf pièces et d'au moins 38,5 cm de long, en variant les tissus et les longueurs. Confectionnez neuf autres bandes de la même manière et ouvrez les coutures au fer.

5 Placez un patchwork avec un coin en haut, pour former un losange constitué de bandes diagonales. Épinglez le gabarit dessus, avec la partie découpée en haut. Assurez-vous que le tissu est de même taille ou dépasse de l'ensemble du gabarit. Découpez le long du gabarit. Faites de même avec l'autre patchwork. Cousez des boutons sur les coutures du patchwork, à intervalles réguliers.

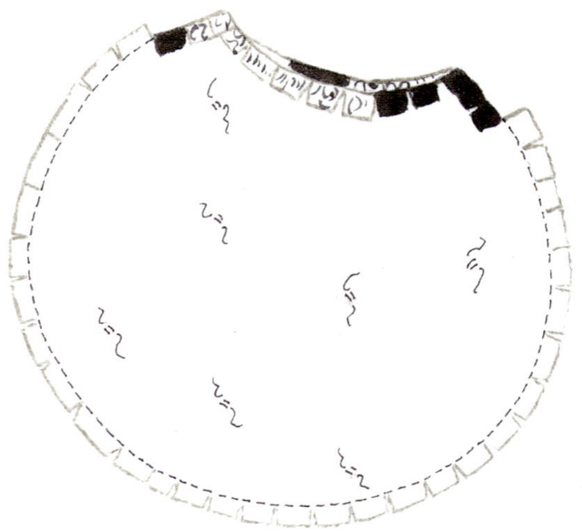

6 Bord à bord et endroit contre endroit, épinglez les deux patchworks en faisant coïncider les parties découpées. Piquez à 1,5 cm du bord, en laissant la partie découpée non cousue. Crantez la réserve et ouvrez la couture au fer. Avec le fer, rentrez 1,5 cm le long des bords supérieurs. À l'aide du gabarit, découpez deux pièces de tissu de doublure, et confectionnez-la de la même manière. Retournez le sac sur l'endroit et repassez-le.

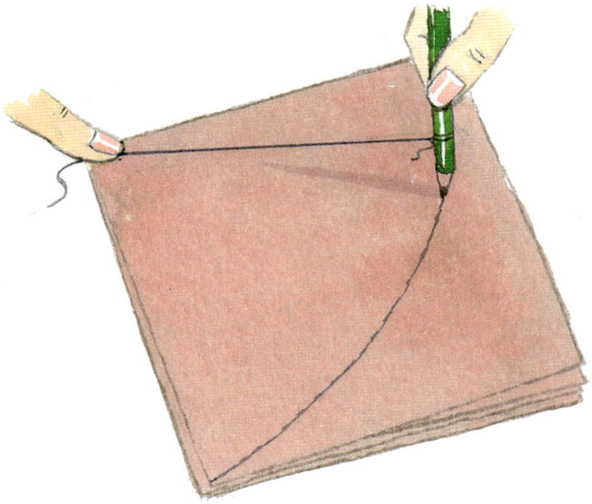

3 Bord à bord et endroit contre endroit, épinglez une bande à une autre, en évitant autant que possible de juxtaposer deux tissus identiques. Piquez à 5 mm du bord. Assemblez trois autres bandes à celles-ci, de sorte que le patchwork soit à peu près carré et que les tons clairs et sombres soient équilibrés. Peu importe si les extrémités des bandes ne sont pas régulières. Assemblez les cinq autres bandes de la même façon pour former un deuxième carré. Ouvrez les coutures au fer. Coupez deux carrés d'entoilage de mêmes dimensions que le devant et le dos du sac. En suivant les instructions du fabricant, repassez l'entoilage sur l'envers de chaque patchwork, en veillant à ce que les réserves soient bien à plat.

4 Pour créer un gabarit circulaire, coupez un morceau de papier de mêmes dimensions que le patchwork, à son niveau le plus étroit (environ 38,5 cm de large). Pliez le papier en quatre. Nouez l'extrémité de la ficelle à un crayon, et maintenez l'autre bout sur le coin plié du carré de papier (qui formera le centre une fois déplié) afin de l'utiliser comme un compas. Ajustez la ficelle de sorte que le crayon atteigne le bord du papier quand elle est tendue, puis dessinez un quart de cercle. Découpez-le et dépliez le papier : vous devez obtenir un cercle de 38,5 cm de diamètre. En vous aidant d'une anse, découpez un arc peu profond sur un bord du gabarit.

7 Pour les passants, coupez une bande de tissu noir de 6 x 54 cm. Pliez-la dans la longueur, endroit contre endroit, et épinglez puis piquez à 5 mm du bord long. Fixez une épingle de sûreté à une extrémité et faites-la passer dans le manchon de tissu afin de le retourner sur l'endroit. Repassez le manchon et coupez-le en six passants de 9 cm.

8 Glissez un passant autour d'une anse et faufilez les extrémités ensemble. Faites de même avec deux autres passants. Épinglez les extrémités d'un passant sur l'intérieur du devant, à 2,5 cm de la couture latérale. Épinglez un autre passant à 2,5 cm de l'autre couture latérale, puis le troisième au centre. Procédez de même pour la deuxième anse sur le dos du sac. Piquez les six passants. Insérez la doublure, côté envers à l'extérieur, à l'intérieur du sac en faisant coïncider les coutures latérales. Épinglez le pourtour supérieur et piquez près du bord et par-dessus les passants. Retirez le faufil.

Sac pyramide

Trois imprimés à fleurs et un tissu à carreaux, tous dans des coloris coordonnés, se combinent pour former un sac d'une grande originalité. Des rectangles de même largeur, mais de longueur variable, sont cousus en bandes, elles-mêmes coupées légèrement en biais pour épouser la forme fuselée du sac. Tout en haut, une bande unie gansée d'un ruban assorti et discrètement décoré de petits boutons de nacre, conjuguée à d'élégantes anses arrondies, ajoutent une jolie finition au patchwork.

Dimensions : 31 cm de largeur, 34,5 cm de hauteur (anses non comprises).

Fournitures :

- ◆ 20 cm (de chaque) de trois tissus imprimés et 60 cm d'un quatrième, dans des coloris assortis
- ◆ Cutter rotatif, règle acrylique et plaque de découpe (facultatif)
- ◆ Fil à coudre assorti
- ◆ Papier pour les gabarits
- ◆ 10 cm de tissu uni, assorti aux autres
- ◆ 1 m de ruban de velours assorti en 1 cm de large
- ◆ 50 cm d'entoilage thermocollant
- ◆ 40 cm de ruban de satin assorti en 1 cm de large
- ◆ Une paire d'anses arrondies de 15 cm de large
- ◆ Un bouton-pression
- ◆ Dix boutons ronds en nacre

Les anses imitation écaille s'harmonisent parfaitement aux déclinaisons du bordeaux.

1 Coupez une bande de 11 cm de large et d'environ 90 cm de long dans chacun des quatre tissus imprimés. Coupez ces bandes en rectangles de 4 à 9 cm de long, afin d'obtenir cinquante pièces de même largeur mais de longueurs différentes. Servez-vous éventuellement d'un cutter rotatif, d'une règle acrylique et d'une plaque de découpe pour couper deux épaisseurs de tissu à la fois.

2 Bord à bord et endroit contre endroit, épinglez le bord inférieur d'une pièce au bord supérieur d'une autre (choisie dans un tissu différent), et piquez à 5 mm du bord. Répétez jusqu'à obtention d'une bande verticale de cinq à sept pièces de 33 cm de long, en alternant les tissus et les tailles. Réalisez sept autres bandes verticales de la même manière. Ouvrez les coutures au fer.

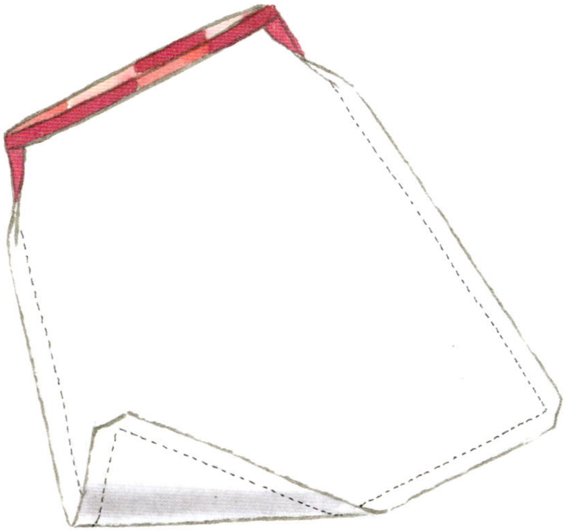

5 Coupez deux bandes de tissu uni de 5,5 cm de large et de même longueur que le bord supérieur du devant (environ 22 cm). Bord à bord et endroit contre endroit, épinglez le bord long d'une bande contre le bord supérieur du devant ; piquez à 5 mm du bord. Assemblez la deuxième bande sur le dos de la même manière. Épinglez et surpiquez le ruban de velours sur la bande, à environ 1 cm du bord inférieur de celle-ci, sur le devant et le dos. Coupez deux pièces d'entoilage et deux pièces du quatrième tissu pour la doublure, tous de mêmes dimensions que le devant et le dos. En suivant les instructions du fabricant, repassez l'entoilage sur l'envers du patchwork (devant et dos), en veillant à ce que les réserves soient bien à plat.

6 Bord à bord et endroit contre endroit, épinglez le devant et le dos puis piquez à 1,5 cm du bord le long de la base et des côtés, en pivotant aux angles inférieurs. Coupez le coin des réserves et ouvrez les coutures au fer. Avec le fer, rentrez un ourlet d'1,5 cm de part et d'autre des bords supérieurs. Confectionnez la doublure de la même manière.

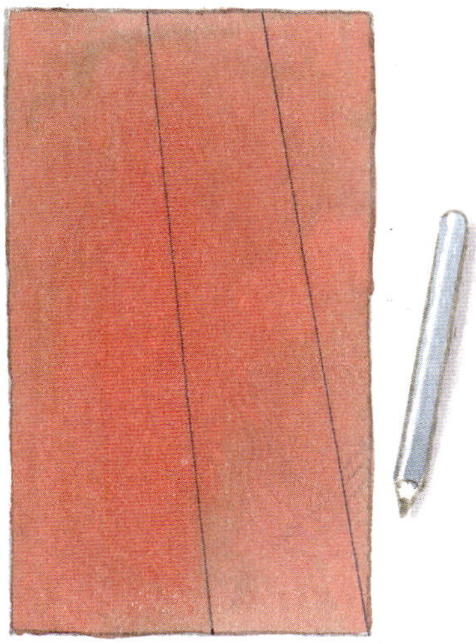

3 Pour créer les deux gabarits, coupez un rectangle de papier de 18,5 x 33 cm. En haut, marquez un point à 7,5 cm du bord gauche et un autre à 6 cm du bord droit. En bas, marquez un point à 7,5 cm du bord droit. Tracez une ligne droite entre le point gauche supérieur et le point inférieur. Tracez une deuxième ligne entre le point droit supérieur et le coin inférieur droit. Découpez le long de ces lignes et éliminez le triangle de droite.

4 Pour le devant et le dos, déterminez l'emplacement de chaque bande verticale. À partir de la gauche, numérotez les bandes de 1 à 4 pour le devant et de 5 à 8 pour le dos (à partir de la gauche). Épinglez le gabarit le plus large sur l'endroit de la bande 3 et découpez la forme. Faites de même pour la bande 7, puis retournez le gabarit et réutilisez-le sur les bandes 2 et 6. Avec l'autre gabarit, découpez les bandes 4 et 8. Retournez-le et découpez les bandes 1 et 5. Assemblez les quatre bandes du devant dans le bon ordre, en les épinglant bord à bord endroit contre endroit et en les piquant à 5 mm du bord. Faites de même pour le dos. Ouvrez les coutures au fer.

7 Pour les passants, coupez huit longueurs de ruban de satin de 5 cm, et passez-en deux dans chacun des anneaux de l'anse. Faufilez les extrémités. En vous aidant des anses pour bien les placer, épinglez et faufilez ces passants sur l'envers du bord supérieur du devant et du dos. Pour la patte, coupez deux rectangles de 4,5 x 6,5 cm dans un des tissus imprimés. Bord à bord et endroit contre endroit, épinglez-les sur tout le pourtour. Piquez à 5 mm de chaque côté, en formant une pointe arrondie à une extrémité de la patte. Coupez les coins des réserves du bas. Retournez la patte sur l'endroit et repassez-la. Épinglez et faufilez la patte sur le bord supérieur du dos du sac, en la centrant sur l'envers.

8 Retournez le sac sur l'endroit. Insérez la doublure, côté envers à l'extérieur, à l'intérieur du sac en faisant coïncider les coutures latérales. Épinglez soigneusement le pourtour supérieur et piquez près du bord et par-dessus les passants. Retirez le faufil. Cousez la partie mâle de la pression à la main sur le dessous de la patte, et la partie femelle sur l'endroit du sac, au centre du bord supérieur, de sorte qu'elles coïncident parfaitement. Cousez les boutons à la main sur le ruban (devant et dos), et cousez-en un sur le dessus de la patte de sorte qu'il s'aligne avec les autres boutons.

Sac à cœurs et damiers

Des formes de cœur ornent ce charmant sac à damiers en laine feutrée. Les courbes contrastent avec les lignes droites, tandis que les coloris pastel et la découpe sophistiquée contrebalancent le style simple et classique du motif. Un rang de perles grises fines ajoute au relief de l'ensemble. À l'intérieur, la doublure possède une poche très utile, elle-même décorée de perles de verre.

Dimensions : 26,5 cm de largeur, 21 cm de hauteur (anses non comprises), 11 cm de profondeur.

Fournitures :

◆ Papier et carton pour les gabarits

◆ 30 cm (au total) de laine feutrée, dans trois coloris proches (ici, vert pâle, turquoise et bleu)

◆ 30 cm de coton, dans une couleur assortie (ici, bleu pâle), pour la doublure

◆ Fil à coudre assorti

◆ Feutre fin et colle à tissu

◆ Maille plastique de 12 x 80 cm (en vente dans les magasins de loisirs créatifs)

◆ Dix-huit perles rocaille et vingt-deux perles fines ou paillettes

De douces et harmonieuses couleurs confèrent style et élégance à un motif bon enfant.

1 Agrandissez et décalquez sur papier les modèles de la page 120, puis découpez les gabarits. Dans la première couleur, coupez un dos (à l'aide du gabarit), un rectangle de 12 x 27,5 cm pour la base et une bande de 5 x 80 cm pour les anses. Dans la deuxième couleur, coupez deux côtés (à l'aide du gabarit). Dans les trois couleurs, coupez les neuf carrés du devant (à l'aide du gabarit) en veillant à ce que deux carrés adjacents ne soient pas de la même couleur et à ce que les carrés du centre et des quatre coins ne soient pas de la première couleur. À l'aide des gabarits, coupez deux dos dans le tissu de doublure (dont un servira de devant), deux côtés et une base de 12 x 27,5 cm.

2 Avec le modèle de cœur, réalisez un gabarit en carton. À l'aide du feutre, tracez le contour du cœur sur les carrés du centre et des coins, en plaçant le gabarit au centre de chaque. À l'aide de ciseaux parfaitement aiguisés, découpez soigneusement les formes. Scellez les bords en appliquant de la colle pour tissu sur l'envers et laissez sécher.

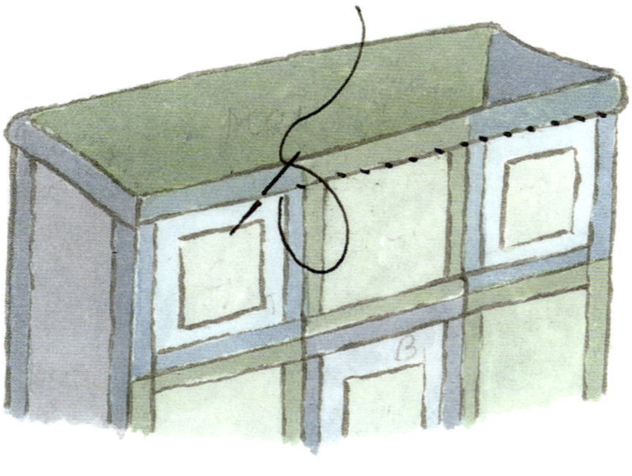

5 Avec le fer, rentrez 5 mm sur tout le pourtour supérieur du sac et faites soigneusement l'ourlet à la main avant de retourner le sac sur l'endroit. Coupez deux bandes de maille plastique, l'une de 11 x 26,5 cm, l'autre de 2 x 80 cm. Placez la plus courte au fond du sac et cousez manuellement les coins sur l'intérieur du sac.

6 Pour les anses, rentrez 5 mm le long des bords longs de la bande de tissu (5 x 80 cm). Entourez-en la bande de maille plastique, côté endroit à l'extérieur, et assemblez les deux bords pliés au point d'ourlet. Coupez cette bande en deux et cousez les extrémités de l'une d'elles sur l'envers du devant. Cousez l'autre sur l'envers du dos, en plaçant les quatre extrémités à égale distance des côtés.

3 Pour former le devant, assemblez les carrés en bandes de trois, en les épinglant bord à bord et endroit contre endroit, et en les piquant à 5 mm du bord. Ouvrez les coutures au fer, au fur et à mesure. En faisant coïncider les coutures, assemblez les trois bandes de la même manière. Dans la première couleur, coupez cinq carrés un peu plus grands que le motif de cœur, et collez-en un au dos de chaque découpe de cœur. Laissez sécher au moins deux heures.

4 Bord à bord et endroit contre endroit, épinglez les côtés au devant par les bords latéraux et piquez à 5 mm du bord, en laissant 5 mm non cousus en bas. Assemblez le dos de la même manière. Bord à bord et endroit contre endroit, épinglez la base à 5 mm du bord, en laissant les parties non cousues s'ouvrir à chaque coin. Si nécessaire, modifiez la taille de la base ou la largeur des coutures pour un ajustement parfait. Piquez en pivotant aux angles. Coupez le coin des réserves et ouvrez les coutures au fer.

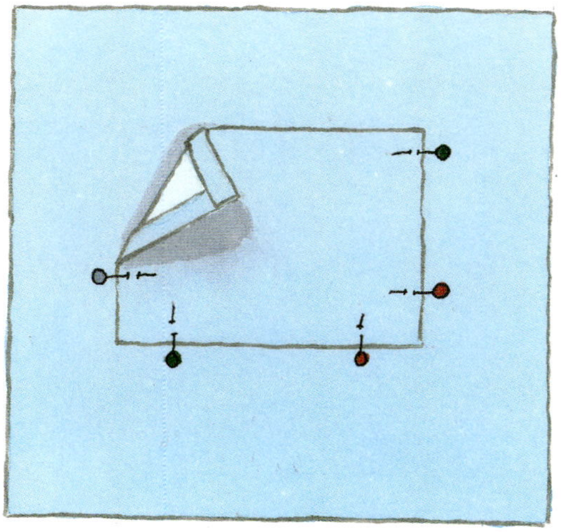

7 Pour la poche, coupez un rectangle de 10 x 13 cm dans le tissu de doublure. Avec le fer, rentrez 1 cm tout autour et surpiquez un côté long. En plaçant ce côté en haut, épinglez la poche sur l'endroit du dos de la doublure, à 4,5 cm du haut. Surpiquez la poche sur les trois côtés restants. Surpiquez-la également au centre, verticalement. Décorez les bords d'une rangée de perles.

8 Confectionnez la doublure comme dans l'étape 4, puis rentrez 5 mm au fer sur le pourtour supérieur. Insérez la doublure, côté envers à l'extérieur, à l'intérieur du sac en faisant coïncider les coutures latérales. Épinglez le pourtour supérieur et piquez près du bord et par-dessus les anses. Cousez des perles fines ou des paillettes sur le devant du sac, le long du bord supérieur.

Sac yo-yo

Sur ce sac à main, des ronds de tissu froncés en forme de rosettes, ou yo-yo pour les experts, créent un amusant effet de relief. Assemblés les uns aux autres puis cousus sur un panneau central, ils se réalisent très rapidement. Le tissu écossais utilisé pour les confectionner s'inspire des bérets traditionnels d'Écosse, mais tout tissu à rayures ou à carreaux convient également. Sur des yo-yo réalisés dans un tissu plus clair, on peut aussi broder des motifs au point de croix ou point de nœud. L'intérieur du sac cache une poche très pratique.

Dimensions : 28,5 cm de largeur, 23,5 cm de hauteur (anses non comprises), 4,5 cm de profondeur.

Fournitures :

- ◆ Compas et papier pour les gabarits
- ◆ 30 cm (de chaque) de tissu fin (ici, du coton) et de trois tissus écossais assortis
- ◆ Fil à matelasser et fil à coudre assortis
- ◆ 20 cm de tissu uni, assorti (ici, pêche)
- ◆ 50 cm de tissu uni, dans une autre couleur assortie (ici, vert)
- ◆ Cutter rotatif, règle acrylique et plaque de découpe (facultatif)
- ◆ 30 cm d'entoilage thermocollant
- ◆ 5 x 30 cm de maille plastique (en vente dans les magasins de loisirs créatifs)

Un motif tout simple dans des coloris coordonnés anime les yo-yo de ce joli sac.

1 Sur du papier, tracez au compas un cercle de 9,5 cm de diamètre et découpez-le. Utilisez ce gabarit pour découper huit cercles dans chacun des trois tissus écossais. Rentrez 5 mm tout autour de chaque cercle et aplatissez à la main. Nouez une longueur de fil à matelasser et effectuez des points avant tout autour du cercle, en faisant se chevaucher les premiers et les derniers points. Tirez les extrémités du fil pour froncer le tissu au maximum. Faites quelques points arrière avant de couper le fil. Procédez de même pour les vingt-trois autres cercles.

2 Positionnez bien le trou au centre de chaque yo-yo et repassez-les au fer à vapeur sous une pattemouille. Placez deux yo-yo côte à côte, trou dessus, et assemblez-les à l'aide de quelques points sur un côté. Continuez ainsi jusqu'à obtention de six rangs de quatre yo-yo. Ensuite, cousez trois rangs ensemble, de la même manière, pour former la pièce de devant. Confectionnez trois autres rangs, et assemblez-les pour former le dos.

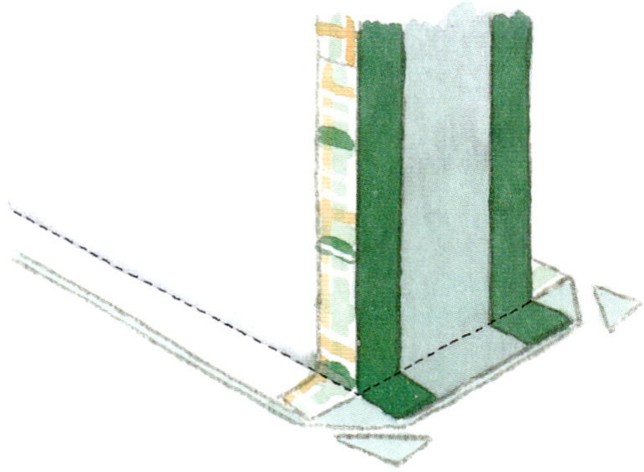

5 Dans l'autre tissu uni, coupez trois rectangles de 26,5 x 31,5 cm (pour le dos et la doublure avant et arrière), quatre bandes de 7,5 x 26,5 cm (pour les côtés du sac et ceux de la doublure), deux bandes de 7,5 x 31,5 cm (pour la base du sac et celle de la doublure) et deux bandes de 7,5 x 40 cm (pour les anses). Si vous souhaitez ajouter une poche à l'intérieur du sac, coupez également un rectangle de 14 x 19 cm dans le troisième tissu écossais, rentrez 5 mm sur chaque côté et cousez le long d'un côté long. Épinglez la poche au centre d'une des pièces de doublure. Surpiquez les côtés et le bas, ainsi que le centre de la poche, verticalement, pour former deux compartiments.

6 Bord à bord et endroit contre endroit, épinglez les côtés du sac au devant, et piquez à 1,5 cm du bord, en laissant 1,5 cm non cousu en bas. Assemblez le dos aux côtés de la même manière. Bord à bord et endroit contre endroit, épinglez la base à 1,5 cm du bord, en laissant les 5 mm non cousus de chaque côté s'ouvrir à chaque coin (voir illustration). Si nécessaire, modifiez la taille de la base ou la largeur des coutures pour un ajustement parfait. Piquez en pivotant aux angles. Coupez le coin des réserves et ouvrez les coutures au fer. Rentrez 1,5 cm sur tout le pourtour supérieur du sac. Confectionnez la doublure de la même manière.

3 Dans un des tissus unis, coupez deux rectangles de 14,5 x 19,5 cm. Dans le troisième tissu écossais, coupez quatre bandes de 8,5 x 14,5 cm et quatre bandes de 8,5 x 31,5 cm. Servez-vous éventuellement d'un cutter rotatif, d'une règle acrylique et d'une plaque de découpe pour couper deux épaisseurs de tissu à la fois. Bord à bord et endroit contre endroit, épinglez une courte bande écossaise sur chaque côté court du rectangle uni. Piquez à 5 mm du bord et ouvrez les coutures au fer. Ensuite, assemblez une longue bande en haut du rectangle, et une autre en bas, de la même manière. Faites de même avec le reste des pièces.

4 Coupez deux rectangles d'entoilage de 26,5 x 31,5 cm. En suivant les instructions du fabricant, repassez l'entoilage sur l'envers de chaque patchwork, en veillant à ce que les réserves soient bien à plat. Cousez les yo-yo à la main au centre du rectangle de chaque patchwork, en effectuant quelques points sur le côté de chaque yo-yo.

7 Coupez un rectangle de maille plastique de 4,5 x 28,5 cm (en ajustant la taille à la base, si celle-ci a été modifiée à l'étape 6). Cousez-le à la main sur l'envers de la base en effectuant quelques points sur chaque côté. Pour les anses, repliez un bord long d'une bande (de 7,5 x 40 cm) au centre de celle-ci, envers contre envers. Faites de même avec l'autre bord, puis pliez la bande en deux dans la longueur, en enfermant les bords de coupe ; repassez. Épinglez et piquez le long du bord long. Procédez de même pour l'autre anse. Épinglez et faufilez les extrémités d'une anse sur l'envers du devant, et les extrémités de l'autre anse sur l'envers du dos. Le milieu de chaque extrémité doit être aligné avec le bord du rectangle central du devant et du dos.

8 Retournez le sac sur l'endroit. Insérez la doublure, côté envers à l'extérieur, à l'intérieur du sac en faisant coïncider les coutures latérales. Épinglez le pourtour supérieur et piquez près du bord et par-dessus l'extrémité des anses. Retirez le faufil.

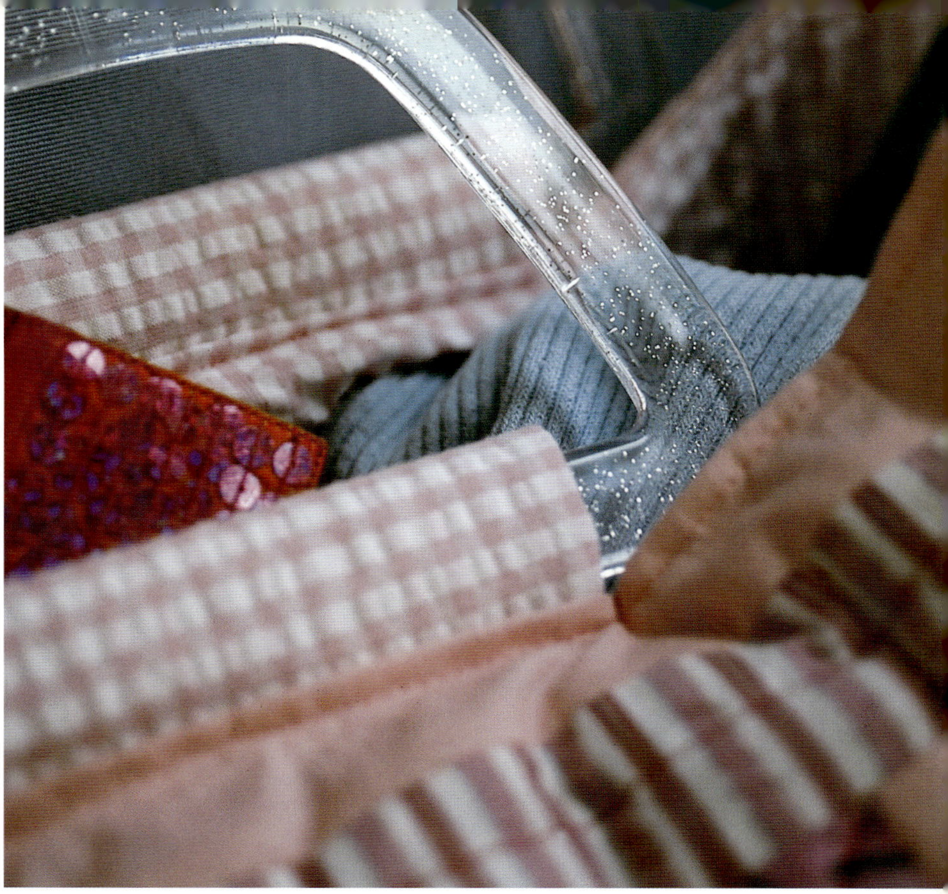

sacs à remplir

Les fourre-tout sont les plus basiques et les plus utilitaires de tous les sacs, mais les ravissantes compositions en patchwork de ce chapitre prouvent qu'ils peuvent être aussi des accessoires de mode. Fourre-tout chic en soie et velours, pimpant cabas en coton pastel et anses en bambou, sac de week-end pour jeune fille et autres élégants sacs à motif géométrique n'attendent plus qu'on les remplisse. Du petit sac compact au grand cabas, ils deviendront d'indispensables compagnons de voyage, de shopping ou de plage…

Fourre-tout à rayures et fleurs

Un tissu floral contemporain s'associe à des rayures coordonnées pour former un ravissant fourre-tout à l'allure très actuelle. Complétez les tissus rayés par des étoffes unies, afin que les rayures ne dominent pas trop l'ensemble. Pour un sac pratique à utiliser tous les jours, prévoyez une solide doublure de molleton. Ici, les différentes épaisseurs sont maintenues en place par un matelassage invisible effectué sur les coutures du patchwork.

Dimensions : 56 cm de largeur, 36 cm de hauteur (anses non comprises).

Fournitures :

- ◆ 30 cm (de chaque) de tissus floral et rayé
- ◆ 1 m (au total) de deux tissus unis
- ◆ Cutter rotatif, règle acrylique et plaque de découpe (facultatif)
- ◆ Fil à coudre assorti
- ◆ 30 cm de molleton synthétique léger

Les rayures et les fleurs forment un ravissant thème estival.

1 Pour le devant, coupez huit carrés de 15 cm de côté dans différents tissus (par exemple, trois floraux, deux rayés et trois unis). Servez-vous éventuellement d'un cutter rotatif, d'une règle acrylique et d'une plaque de découpe pour couper deux épaisseurs de tissu à la fois. Agencez les pièces aussi joliment que possible. Bord à bord et endroit contre endroit, épinglez les quatre carrés supérieurs pour former une bande. Piquez à 5 mm du bord et ouvrez les coutures au fer. Faites de même pour la bande inférieure.

2 Bord à bord et endroit contre endroit, épinglez les deux bandes ensemble, en faisant coïncider les coutures, pour obtenir un panneau de huit carrés. Piquez à 5 mm du bord et ouvrez les coutures au fer. Répétez les étapes 1 et 2 pour réaliser le dos du sac.

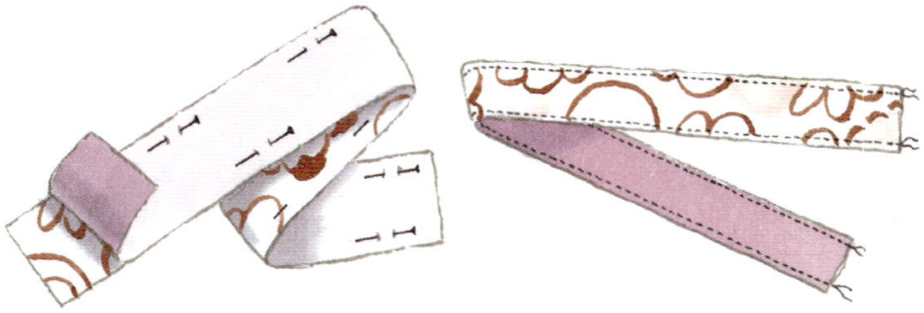

5 Pour les anses, coupez quatre bandes de 4 x 63 cm, deux dans le tissu floral et deux dans un tissu uni. Endroit contre endroit, épinglez une bande florale sur une bande unie, le long des bords longs, et piquez à 5 mm du bord. Retournez l'anse sur l'endroit en fixant une épingle de sûreté à une extrémité et en la faisant passer à l'intérieur du manchon. Repassez l'anse et surpiquez les deux bords longs. Procédez de même pour la deuxième anse.

6 Bord à bord et endroit contre endroit, épinglez le devant et le dos le long de la base et des côtés. Piquez à 5 mm du bord, en pivotant aux angles. Coupez les coins de la réserve du bas, retournez le sac sur l'endroit et repassez-le. Pour la doublure, coupez deux rectangles de tissu uni de 37 x 57 cm. Bord à bord et endroit contre endroit, épinglez et piquez à 5 mm de chaque bord court. Ouvrez les coutures au fer.

3 Coupez deux pièces de molleton de mêmes dimensions que le devant et le dos (environ 29 x 57 cm). Posez un patchwork sur une pièce, puis épinglez et faufilez les deux épaisseurs. Répétez avec l'autre patchwork et l'autre pièce de molleton. Ensuite, matelassez les deux épaisseurs à la machine, en piquant par-dessus les coutures. Faites de même avec l'autre patchwork. Retirez le faufil.

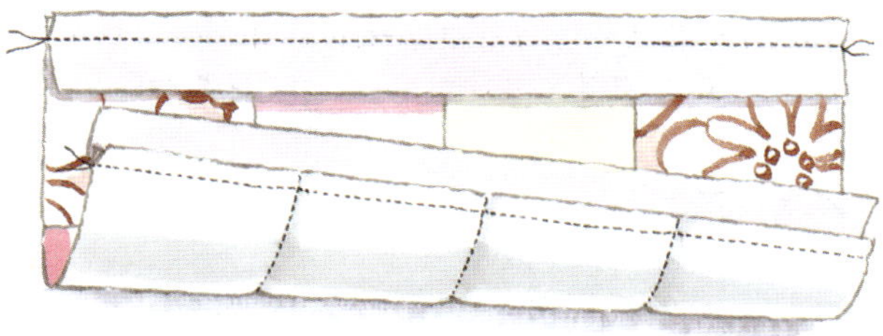

4 Coupez quatre bandes unies de 5 x 57 cm pour les bordures supérieures et inférieures du devant et du dos. Épinglez une bande le long du bord supérieur d'un patchwork et une bande le long du bord inférieur ; piquez à 5 mm du bord et ouvrez les coutures au fer. Faites de même avec le deuxième patchwork.

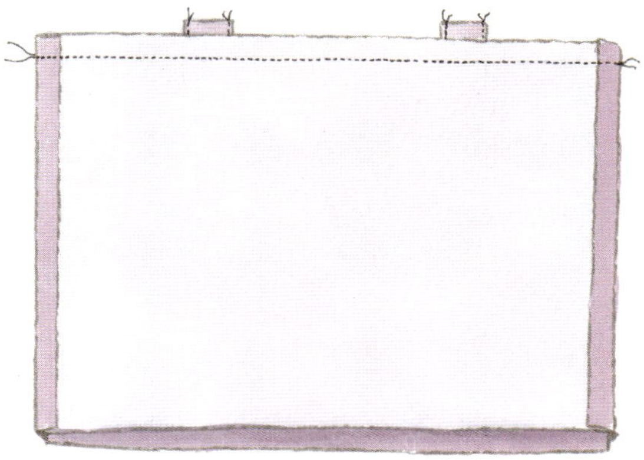

7 Endroit contre endroit, insérez le sac dans la doublure, en alignant les bords. Placez une anse sur le devant du sac, entre le patchwork et la doublure, en laissant dépasser les extrémités de 5 mm au-dessus du bord supérieur (les bords extérieurs de l'anse doivent coïncider avec la couture des deux carrés de patchwork extérieurs, voir photo). Faufilez les extrémités. Faites de même pour l'autre anse. Épinglez la doublure sur le pourtour supérieur du sac et piquez à 5 mm du bord. Retournez la doublure sur l'endroit et rentrez 5 mm au fer pour cacher les bords de coupe. Cousez au point d'ourlet. Insérez la doublure dans le sac et repassez. Retirez le faufil.

Cabas d'été

Des couleurs fraîches et des motifs simples confèrent une note de gaieté à ce cabas réalisé dans un motif de patchwork appelé « vol d'oies ». Les cinq triangles qui forment chaque colonne du devant sont réalisés dans un coton à ramages, lui-même mis en valeur par de petits triangles en vichy assorti. D'étroites bandes découpées dans le même coton à ramages séparent les trois colonnes de triangles, tandis qu'un coton à pois entoure le tout. Le dos se confectionne très facilement à l'aide de rectangles coupés dans les trois tissus. Les anses sont faites dans le coton à ramages.

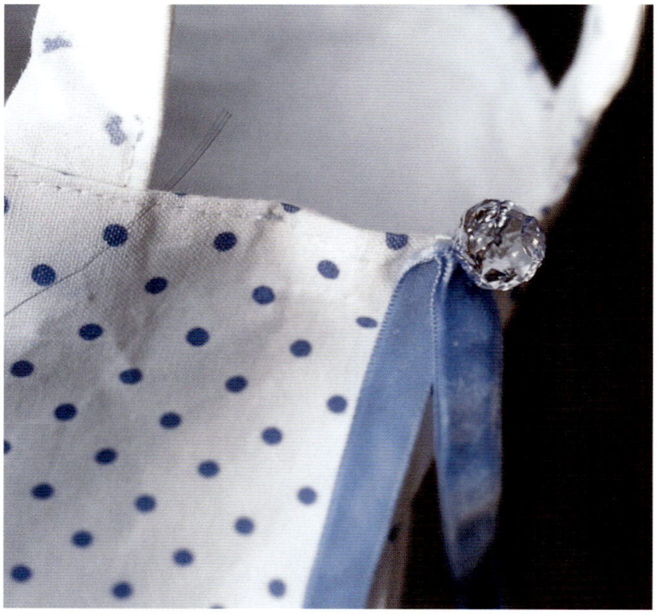

Dimensions : 39,5 cm de largeur, 43 cm de hauteur (anses non comprises).

Fournitures :

- ◆ 40 cm de tissu imprimé, dans une couleur estivale (ici, bleu ciel et blanc)
- ◆ Cutter rotatif, règle acrylique et plaque de découpe (facultatif)
- ◆ 30 cm de vichy à petits carreaux, de même couleur
- ◆ 40 cm de tissu à pois, de même couleur
- ◆ Fil à coudre assorti
- ◆ Papier pour les gabarits
- ◆ 50 cm d'entoilage thermocollant
- ◆ 50 cm de tissu blanc, pour la doublure
- ◆ 60 cm de ruban fin, dans la même couleur que le tissu imprimé
- ◆ Deux grosses perles de verre

Le bleu ciel s'accorde parfaitement à ce motif de patchwork appelé « vol d'oies ».

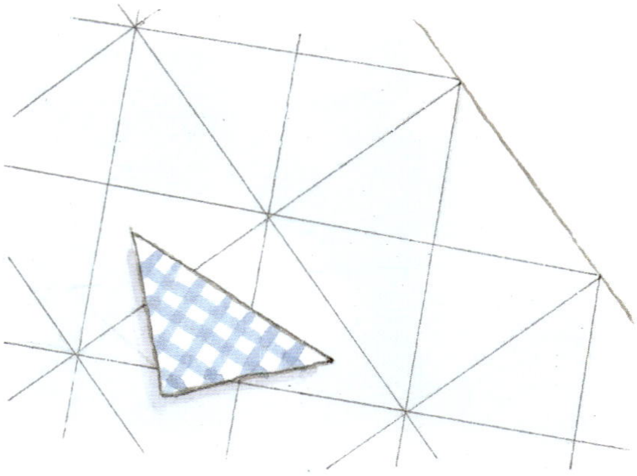

1 Sur l'envers du tissu imprimé, tracez des lignes espacées de 5,5 cm, dans le droit fil, pour obtenir une longueur totale de 170 cm. Sur une ligne sur deux, marquez un point à 5,5 cm du bord, puis des points à 11 cm d'intervalle. Sur les lignes restantes, marquez le premier point à 11 cm du bord, et les autres à 11 cm d'intervalle. Tracez des lignes droites entre les points en formant des zigzags, puis découpez les triangles jusqu'à ce que vous en ayez quinze. Servez-vous éventuellement d'un cutter rotatif, d'une règle acrylique et d'une plaque de découpe pour couper deux épaisseurs de tissu à la fois.

2 Sur l'envers du vichy, dessinez un quadrillage de lignes de 6 cm d'intervalle dans le biais (diagonale), jusqu'à ce que vous ayez quinze carrés. Ensuite, tracez un motif de lignes en zigzag coupant les carrés dans la diagonale. Découpez le long des lignes pour obtenir trente petits triangles. Bord à bord et endroit contre endroit, épinglez le bord long d'un petit triangle à l'un des bords courts d'un grand triangle, et piquez à 5 mm du bord. De même, assemblez un deuxième petit triangle à l'autre bord court du grand triangle, afin de former un rectangle. Ouvrez les coutures au fer et coupez les coins de la réserve de sorte qu'ils s'alignent avec les bords de coupe.

5 Coupez deux rectangles de tissu à pois de même largeur que le patchwork (environ 42,5 cm), l'un haut de 18 cm et l'autre de 7,5 cm. Épinglez le premier au bord supérieur du patchwork et le second au bord inférieur, bord à bord et endroit contre endroit. Piquez à 5 mm du bord. Cela constitue le devant du sac. Pour le dos, coupez trois rectangles de longueur égale à la largeur du devant. Le premier, en tissu à pois, doit faire 13 cm de large et le deuxième, en tissu imprimé, 18 cm de large. Le troisième, en vichy, doit être égal à la hauteur du devant, moins 29 cm (soit environ 17 cm). Assemblez-les comme pour le devant.

6 Agrandissez et décalquez sur papier le modèle de la page 121, puis découpez le gabarit. Pour le devant du sac, épinglez le gabarit au centre du patchwork et découpez la forme. Faites de même pour le dos. Servez-vous également du gabarit pour découper deux pièces d'entoilage et deux pièces de doublure. En suivant les instructions du fabricant, repassez l'entoilage sur l'envers du devant et du dos, en veillant à ce que les réserves soient bien à plat. Bord à bord et endroit contre endroit, épinglez le devant au dos le long de la base et des côtés. Piquez à 1,5 cm du bord. Crantez la réserve dans les arrondis. Ouvrez les coutures au fer et, avec le fer, rentrez un ourlet d'1,5 cm sur les bords supérieurs. Confectionnez la doublure de la même manière.

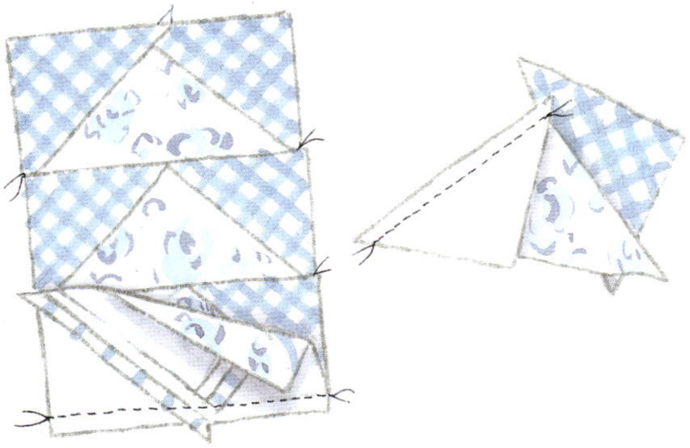

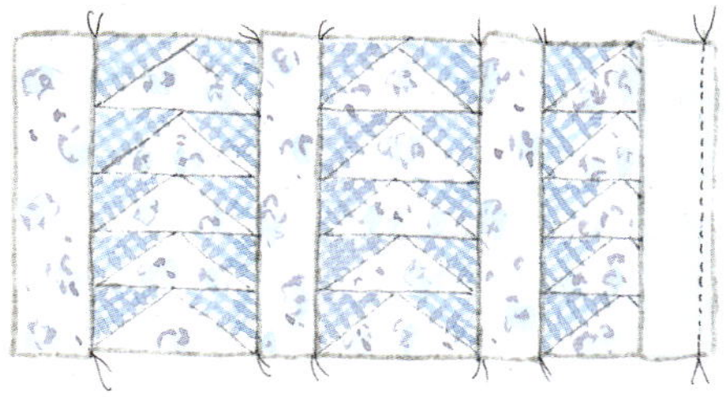

3 Bord à bord et endroit contre endroit, épinglez le bord inférieur d'un rectangle au bord supérieur d'un autre, en veillant à prendre l'extrême pointe du triangle dans la couture. Piquez à 5 mm du bord. Assemblez trois autres rectangles de la même manière. Procédez de même avec cinq autres rectangles, puis avec les cinq restants, afin d'obtenir trois bandes verticales. Ouvrez les coutures au fer.

4 Coupez quatre bandes de tissu imprimé de 5 cm de large et de même hauteur que les bandes verticales (environ 22,5 cm). Bord à bord et endroit contre endroit, assemblez les bords longs de ces bandes à ceux des bandes verticales, en les alternant. Piquez à 5 mm du bord, en veillant à prendre l'extrême pointe des triangles dans la couture. Ouvrez les coutures au fer.

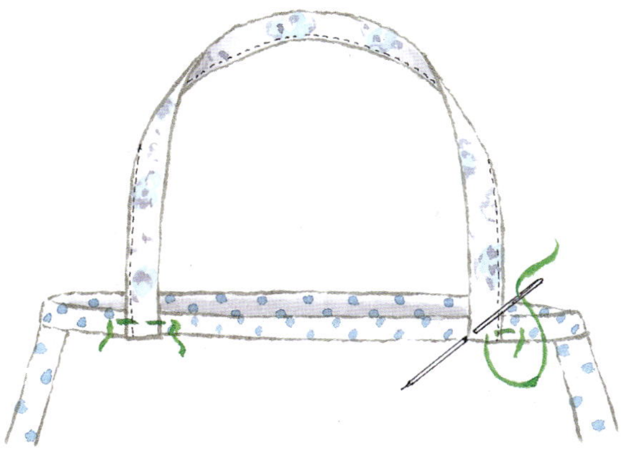

7 Pour les anses, coupez deux bandes de tissu imprimé de 7,5 x 41 cm. Repliez un bord long au centre de la bande, envers contre envers. Faites de même avec l'autre bord, puis pliez la bande dans la longueur, afin d'enfermer les bords de coupe. Procédez de même pour la deuxième anse. Épinglez et faufilez les extrémités d'une anse sur l'envers du devant, et les extrémités de l'autre anse sur l'envers du dos, en plaçant le centre de chacune à 5 cm des côtés du sac.

8 Retournez le sac sur l'endroit et repassez-le. Insérez la doublure, côté envers à l'extérieur, à l'intérieur du sac en faisant coïncider les coutures latérales. Épinglez le pourtour supérieur et piquez près du bord et par-dessus les extrémités des anses. Retirez le faufil. Coupez deux longueurs de 28 cm de ruban et cousez le centre de chaque sur le bord supérieur du sac, au niveau des coutures latérales. Cousez une perle sur chaque ruban.

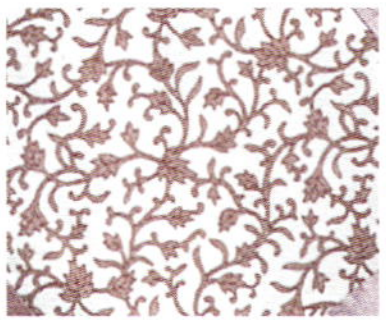

Fourre-tout en soie et velours

Un camaïeu de violets attire l'œil vers les motifs et la matière de ce ravissant fourre-tout. Recto verso, des bandes et des carrés de velours et de soie unis contrastent avec des pièces découpées dans des imprimés à petits motifs, tandis que les anses de velours ajoutent une douce texture. Constitué d'un dos et d'un devant cousus ensemble, ce sac est plat ; sa forme légèrement arrondie et sa doublure à motifs, conjuguées à une rangée de petits boutons ton sur ton, lui confèrent une certaine originalité.

Dimensions : 53 cm de largeur, 35,5 cm de hauteur (anses non comprises).

Fournitures :

- ◆ Chutes de quatre tissus imprimés, dans les mêmes tons (ici, violet)
- ◆ 40 cm (de chaque) de soie et de velours unis, de même couleur que les précédents
- ◆ Cutter rotatif, règle acrylique et plaque de découpe (facultatif)
- ◆ Fil à coudre assorti
- ◆ Papier pour le gabarit
- ◆ 60 cm d'entoilage thermocollant
- ◆ Dix boutons
- ◆ 60 cm de tissu imprimé, pour la doublure

La soie et le velours se mêlent à de délicats motifs déclinés dans des nuances violettes.

1 Dans les tissus imprimés, la soie et le velours, coupez au total vingt-quatre carrés de 10 cm de côté. Coupez également quatre bandes de soie de 10 x 55 cm. Servez-vous éventuellement d'un cutter rotatif, d'une règle acrylique et d'une plaque de découpe pour couper deux épaisseurs de tissu à la fois (le velours doit être coupé dans une seule épaisseur).

2 Pour le devant et le dos, assemblez six carrés assortis de soie, de velours et de tissu imprimé en une bande, bord à bord et endroit contre endroit, en piquant à 5 mm du bord. Confectionnez trois autres bandes de la même manière, puis ouvrez les coutures au fer. Pour le devant, assemblez une de ces bandes à une bande de soie, le long d'un côté long, bord à bord et endroit contre endroit, en piquant à 5 mm du bord. Faites de même avec une autre bande de soie et de patchwork, puis assemblez les deux parties de la même manière, en alternant le patchwork et la soie. Ouvrez les coutures au fer. Pour le dos, assemblez les deux bandes de soie et les deux bandes de patchwork comme pour le devant.

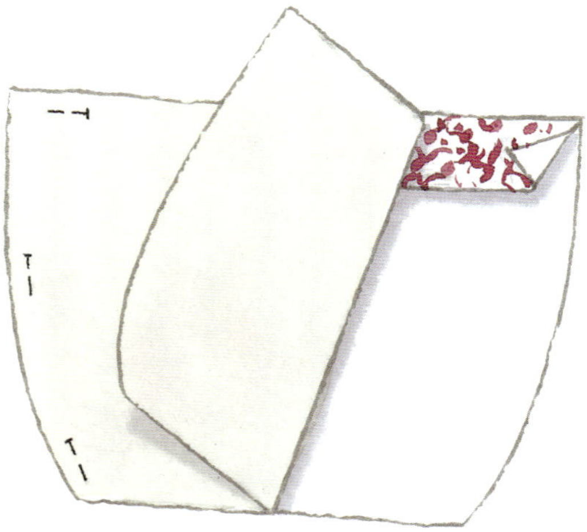

5 Retournez le sac sur l'endroit. Cousez cinq boutons sur la bande de soie supérieure, à la fois sur le devant et sur le dos. Veillez à aligner les boutons avec les coutures des carrés de patchwork.

6 Rentrez le bord supérieur du tissu de doublure sur 6 cm, puis épinglez le gabarit sur le tissu afin que le bord supérieur du gabarit coïncide avec le pli. Découpez, puis recommencez pour faire la deuxième pièce de doublure. Dépliez les bords supérieurs et, endroit contre endroit, piquez les deux pièces comme à l'étape 4.

3 Agrandissez et décalquez sur papier le modèle de la page 122, puis découpez le gabarit. Centrez-le et épinglez-le sur l'un des patchworks et découpez la forme. Faites de même avec l'autre patchwork.

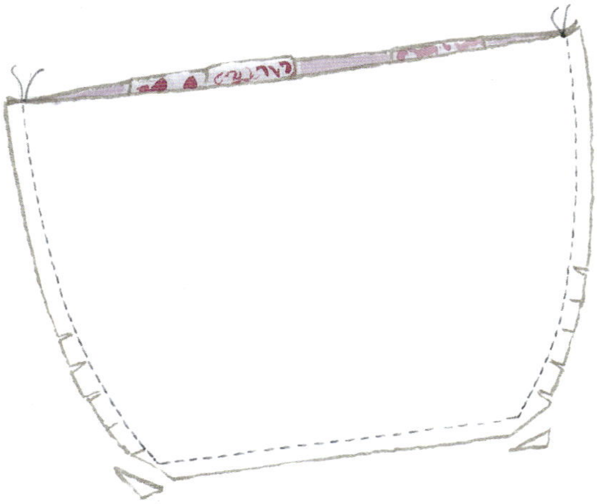

4 Utilisez le même gabarit pour découper deux pièces d'entoilage. En suivant les instructions du fabricant, repassez l'entoilage sur l'envers du patchwork (devant et dos), en veillant à ce que les réserves soient bien à plat. Bord à bord et endroit contre endroit, épinglez et piquez le devant et le dos sur la base et les côtés, en piquant à 1,5 cm du bord et en pivotant aux angles inférieurs. Crantez la réserve dans les arrondis, coupez les coins inférieurs de la réserve puis ouvrez les coutures au fer.

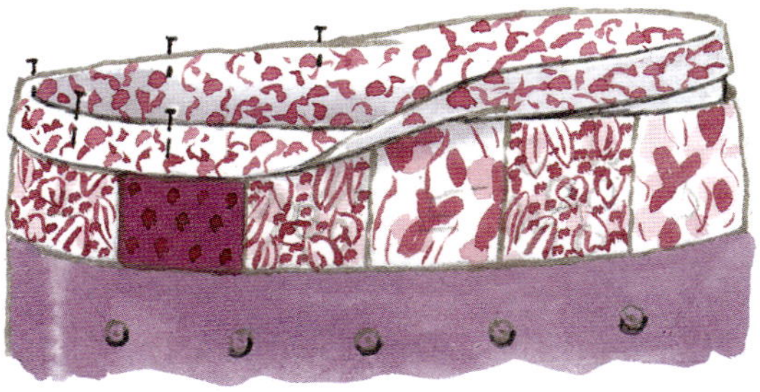

7 Rentrez et repassez un double ourlet de 3 cm en haut de la doublure. Insérez la doublure, côté envers à l'extérieur, à l'intérieur du sac en épinglant l'ourlet de la doublure par-dessus le bord supérieur du sac. Piquez.

8 Pour les anses, coupez deux bandes de velours de 7,5 x 59 cm. Repliez un bord long sur le centre, envers contre envers, puis faufilez. Faites de même avec l'autre bord. Rentrez 5 mm à chaque extrémité, puis pliez la bande dans la longueur afin d'enfermer les bords de coupe. Épinglez et piquez le long du bord long et des extrémités. Procédez de même pour l'autre anse. Épinglez une extrémité de chaque anse sur l'endroit du devant, et l'autre extrémité sur l'endroit du dos, en les alignant bien. Piquez comme sur l'illustration.

Cabas à anses en bambou

Une paire d'anses en bambou transforme un patchwork de coton rose en un cabas aussi joli que pratique pour faire des courses. Le patchwork est une libre inspiration du motif traditionnel de « log cabin », mais l'effet général de contraste diagonal est sensiblement le même grâce à l'agencement symétrique des tissus clairs et foncés.

Dimensions : 38,5 cm de largeur, 42 cm de hauteur (anses non comprises).

Fournitures :

- ◆ 10 cm (de chaque) de trois cotons imprimés clairs et de trois cotons imprimés foncés, dans les mêmes tons (ici, rose)
- ◆ Cutter rotatif, règle acrylique et plaque de découpe (facultatif)
- ◆ Fil à coudre assorti
- ◆ 60 cm de tissu assorti, pour la doublure
- ◆ 50 cm d'entoilage thermocollant
- ◆ Papier pour le gabarit
- ◆ 50 cm de suédine, dans un coloris assorti
- ◆ Une paire d'anses en bambou de 15 cm de large
- ◆ Feutre effaçable

Des teintes claires et foncées d'une même couleur caractérisent ce patchwork en « log cabin ».

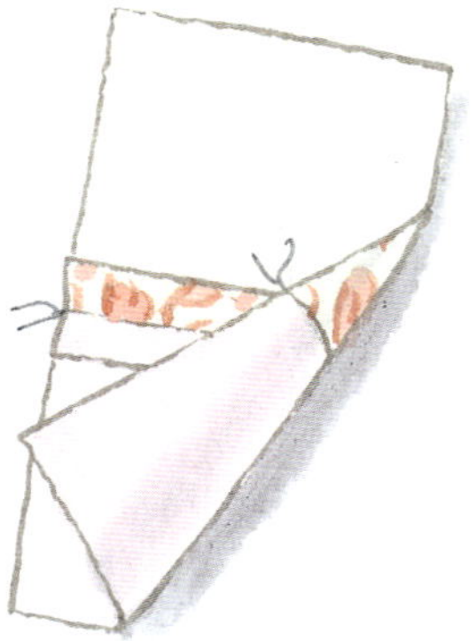

1 Ce patchwork régulier commence par deux carrés centraux qu'entourent des bandes de plus en plus longues. Dans la mesure du possible, évitez de juxtaposer deux tissus identiques. Dans les six tissus, coupez de longues bandes de 4,5 cm de large, puis coupez celles-ci à la longueur voulue, au fur et à mesure de votre travail. Servez-vous éventuellement d'un cutter rotatif, d'une règle acrylique et d'une plaque de découpe pour couper deux épaisseurs de tissu à la fois. Commencez par couper un carré de 4,5 cm de côté dans deux des tissus clairs, puis épinglez-les bord à bord et endroit contre endroit. Piquez à 5 mm du bord, puis ouvrez les coutures au fer.

2 En positionnant les deux carrés verticalement, ajoutez une bande foncée sur le côté gauche, en procédant comme à l'étape 1, et en coupant l'excédent afin que les extrémités coïncident avec les bords supérieur et inférieur des deux carrés. Ouvrez les coutures au fer. Assemblez une bande claire en bas, sous la première bande et le carré inférieur, en alignant à nouveau les bords de coupe. Ouvrez les coutures au fer.

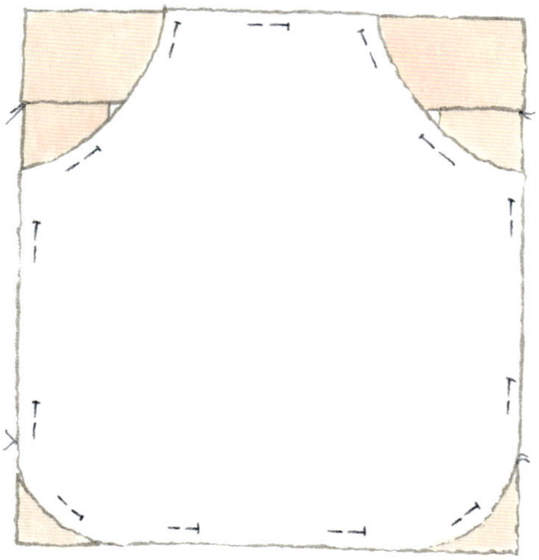

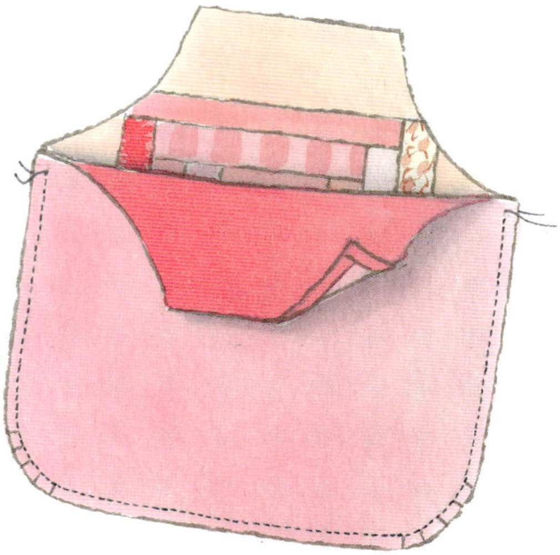

5 Agrandissez et décalquez sur papier le modèle de la page 123, puis découpez le gabarit. Épinglez le gabarit sur le patchwork et découpez tout autour. Utilisez le même gabarit pour découper deux pièces dans le tissu de doublure et une dans la suédine.

6 Bord à bord et endroit contre endroit, épinglez le patchwork à la suédine et piquez à 1,5 cm du bord sur la base et les côtés, en commençant et en vous arrêtant à 1,5 cm de l'ouverture. Faites de même avec les deux pièces de doublure. Crantez la réserve dans les arrondis et ouvrez les coutures au fer. Avec le fer, rentrez un ourlet d'1,5 cm le long des bords de coupe du sac et de la doublure. Crantez la réserve dans les arrondis (en veillant à ne pas cranter trop près des plis).

3 En continuant à assembler les bandes foncées à gauche et en haut, et les bandes claires à droite et en bas, terminez le devant. Pour créer le motif montré sur la photo, respectez l'ordre suivant : haut, droite, haut, gauche, bas, droite, gauche, haut, gauche, bas, droite, haut, bas, droite. Ou, pour suivre le motif traditionnel de « log cabin », travaillez toujours dans le même sens (celui des aiguilles d'une montre) et ordre : droite, haut, gauche, bas, droite, haut, gauche, bas, etc.

4 Coupez deux bandes de doublure de 5,5 cm de large et de même hauteur que le patchwork (environ 36 cm). Bord à bord et endroit contre endroit, épinglez le bord long d'une bande contre un bord latéral du patchwork. Piquez à 5 mm du bord puis ouvrez les coutures au fer. Assemblez l'autre bande sur l'autre côté. Coupez deux bandes de 5,5 cm de large et aussi longues que la largeur du patchwork (environ 41,5 cm), et assemblez-les de même sur les bords supérieur et inférieur afin d'achever le devant. Coupez l'entoilage aux mêmes dimensions que le devant (environ 41,5 x 45 cm) et, en suivant les instructions du fabricant, repassez-le sur l'envers du patchwork en veillant à ce que les réserves soient bien à plat.

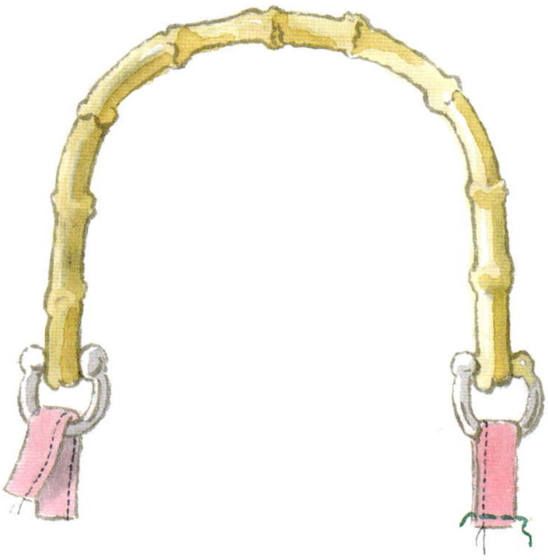

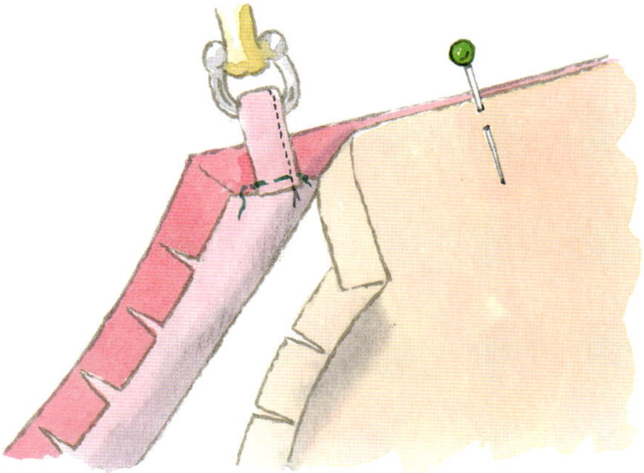

7 En vous aidant des anses, marquez leur emplacement à l'aide d'épingles ou d'une craie de tailleur sur l'envers du devant et du dos, au niveau du bord supérieur, à égale distance de chaque couture latérale. Coupez une bande de tissu imprimé de 4 x 21 cm. Pliez les bords afin qu'ils se rejoignent au centre, repassez puis pliez dans la longueur, côté endroit à l'extérieur avant de repasser à nouveau. Surpiquez tout près du bord. Coupez la bande en quatre longueurs égales et glissez les passants dans les anneaux des anses. Faufilez les extrémités de chaque anse ensemble. Épinglez et faufilez-les sur les marques à l'intérieur du sac.

8 Retournez le sac sur l'endroit. Insérez la doublure, côté envers à l'extérieur, à l'intérieur du sac en faisant coïncider les coutures latérales. Épinglez le pourtour supérieur et piquez près du bord et par-dessus les passants, en pivotant aux angles supérieurs. Retirez le faufil.

Cabas multicolore

Une poignée de découpe rectangulaire s'harmonise avec le motif général, un assemblage de rectangles de tailles différentes. Ce sac très stylé est réalisé dans de la laine feutrée, déclinée dans au moins quatre coloris unis pour un maximum d'impact. Le dos est identique au devant, et séparé de celui-ci par une base et des côtés également unis. Un fin galon et quelques fleurs stylisées découpées dans la même matière et ornées de perles suffisent à casser la linéarité du motif.

Dimensions : 34,5 cm de largeur, 43 cm de hauteur, 8 cm de profondeur.

Fournitures :

- ◆ Papier pour les gabarits
- ◆ Chutes de laine feutrée, dans au moins quatre coloris assortis (ici rose, violet, jaune et pêche)
- ◆ Cutter rotatif, règle acrylique et plaque de découpe (facultatif)
- ◆ Fil à coudre assorti
- ◆ Feutre effaçable et colle pour tissu
- ◆ 13 x 35 cm de maille plastique (en vente dans les magasins de loisirs créatifs)
- ◆ 12 petites perles
- ◆ 80 cm de galon
- ◆ 50 cm de tissu, pour la doublure

De tendres coloris pastel et des formes simples se conjuguent dans ce grand cabas.

1 Agrandissez et décalquez sur papier les modèles rectangulaires de la page 124, puis découpez les gabarits. Dans les différents tissus, coupez deux rectangles avec chaque gabarit (un pour le devant, un pour le dos), en veillant à équilibrer les coloris et à ne pas juxtaposer deux mêmes couleurs. Coupez également deux rectangles de 11 x 46 cm pour les côtés et un de 11 x 37,5 cm pour la base, tous dans une même couleur. Servez-vous éventuellement d'un cutter rotatif, d'une règle acrylique et d'une plaque de découpe pour couper deux épaisseurs de tissu à la fois.

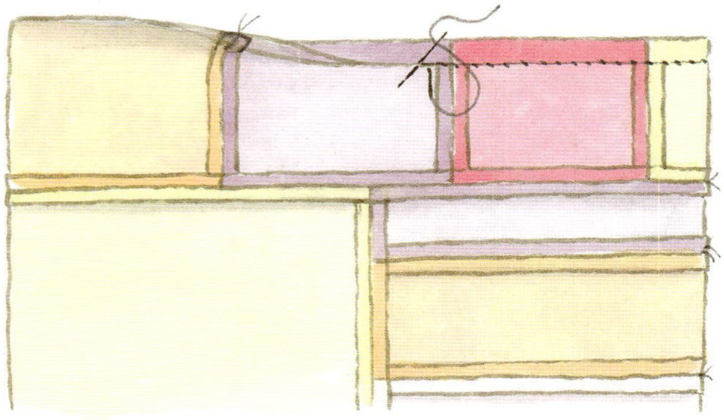

2 Pour former le devant, épinglez et piquez les pièces bord à bord et endroit contre endroit, à 5 mm du bord. Ouvrez les coutures au fer au fur et à mesure, dans l'ordre suivant : assemblez d'abord les deux pièces situées à droite de la partie centrale et faites de même avec les quatre pièces situées à gauche, puis assemblez les deux parties. Assemblez les quatre parties supérieures en une bande, et les deux parties inférieures en une autre bande, puis assemblez ces bandes en haut et en bas de la partie centrale. Avec le fer, rentrez un ourlet d'1,5 cm le long du bord supérieur et cousez-le à la main. Formez le dos de la même manière.

5 Coupez une longueur de galon de même dimension que le devant (environ 37,5 cm), et cousez-le à la main sur le devant, le long de la couture située sous la poignée. De même, cousez le galon sur le dos du sac. Rentrez 1,5 cm le long du bord supérieur de chacun des côtés. Cousez l'ourlet à la main.

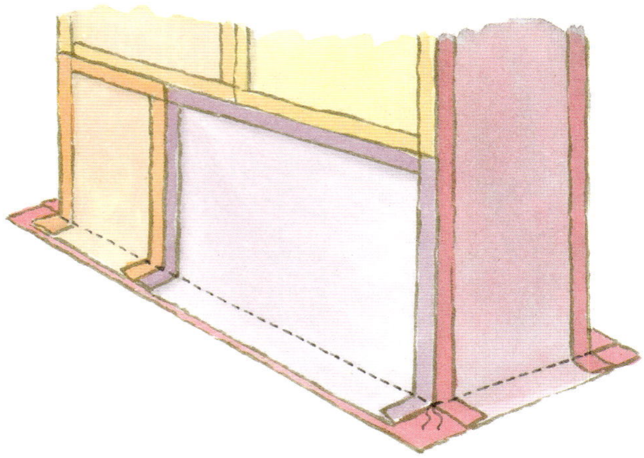

6 Bord à bord et endroit contre endroit, épinglez les côtés et le devant le long des bords latéraux et piquez à 1,5 cm du bord en laissant 1,5 cm non cousu en bas. Bord à bord et endroit contre endroit, épinglez la base à 1,5 cm du bord, en laissant le 1,5 cm non cousu de chaque côté s'ouvrir à chaque coin (voir illustration). Si nécessaire, modifiez la taille de la base ou la largeur des coutures pour un ajustement parfait. Piquez en pivotant aux angles. Coupez le coin des réserves et ouvrez les coutures au fer.

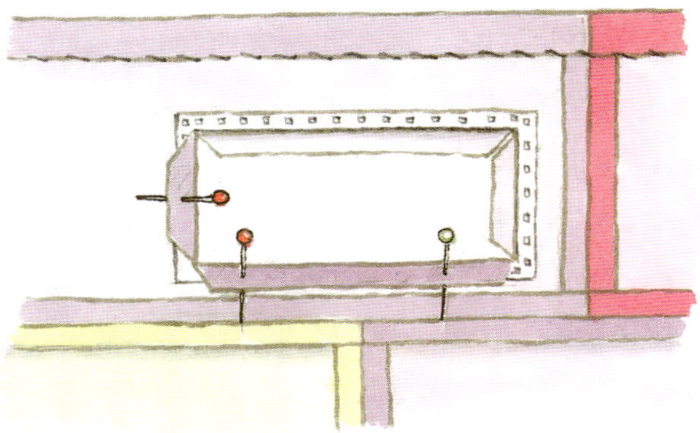

3 Sur l'envers du devant, tracez une ligne horizontale de 7 cm à égale distance des côtés gauche et droit et à 3 cm du bord ourlé. Tracez une ligne identique 2,5 cm en dessous, puis tracez des lignes latérales pour former un rectangle ; découpez-le. Dans la maille plastique, découpez un rectangle de 5 x 9,5 cm, à l'intérieur duquel vous découperez une autre fenêtre de 4 x 8,5 cm, afin de former un cadre. Placez-le sur la fente rectangulaire du devant, sur l'envers. Crantez les coins du tissu dans la diagonale jusqu'au niveau de la maille plastique. Épinglez et cousez à la main. Pratiquez une ouverture dans le dos de la même manière.

4 Décalquez sur papier les deux modèles de fleur de la page 124. Pour le devant du sac, découpez deux fleurs en tissu avec chaque gabarit, en prenant une couleur différente pour chaque. Découpez quatre autres fleurs pour le dos. Scellez les bords avec de la colle pour tissu. Une fois sec, cousez les quatre petites fleurs sur les quatre grandes et ornez-les de trois petites perles. Cousez les fleurs complètes sur le devant et le dos.

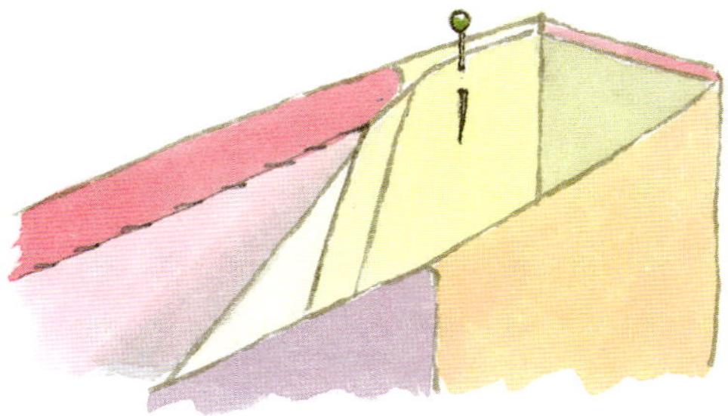

7 Coupez un rectangle de maille plastique de 8 x 34,5 cm (en ajustant la taille suivant l'étape 6). Cousez-le à la main sur l'envers de la base, avec quelques points à chaque coin. Retournez le sac sur l'endroit. Dans le tissu de doublure, découpez un devant, un dos, deux côtés et une base des dimensions du sac. Assemblez les pièces comme dans l'étape 6 pour former la doublure. Avec le fer, rentrez 1,8 cm en haut de la doublure. Insérez-la, côté envers à l'extérieur, à l'intérieur du sac. Le rentré supérieur de la doublure doit être à 3 mm au-dessous du bord ourlé du sac. Épinglez et piquez toutes les épaisseurs, en suivant le rentré supérieur de la doublure.

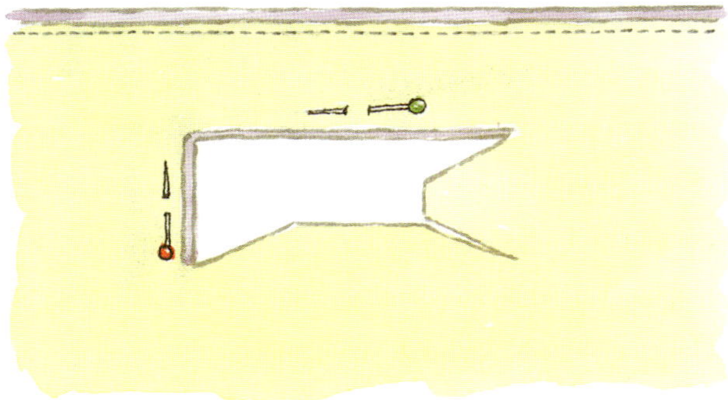

8 Utilisez le feutre effaçable pour tracer le contour de l'ouverture pratiquée dans le devant. Tracez des lignes diagonales (en X) reliant les coins du rectangle et découpez le long de ces diagonales. Repliez les triangles sur l'envers de la doublure, coupez les pointes et cousez la doublure sur l'envers du sac au point d'ourlet, tout autour de l'ouverture. Procédez de même pour l'ouverture du dos.

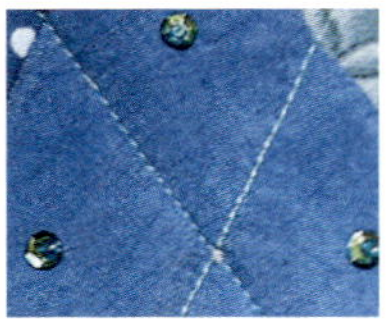

Cabas losangé

Bien qu'il soit constitué de losanges de taille et de couleurs similaires, ce cabas dégage une impression de luxe et de raffinement. Les petits motifs et l'éclat discret des perles et paillettes ajoutent un zeste de fantaisie à ce patchwork relativement simple, pourvu d'un dos en velours uni. Pour un résultat optimal, veillez à bien équilibrer les différents tissus de tons clairs, moyens et foncés.

Dimensions : 25 cm de largeur, 38 cm de hauteur (anses non comprises).

Fournitures :

- ◆ Papier pour le gabarit
- ◆ Feutre effaçable
- ◆ 10 cm (de chaque) de cinq tissus imprimés et de deux tissus unis, dans des coloris assortis (ici, bleu et vert)
- ◆ Cutter rotatif, règle acrylique et plaque de découpe (facultatif)
- ◆ Fil à coudre assorti
- ◆ Équerre (facultatif)
- ◆ 30 cm (de chaque) d'entoilage thermocollant et de molleton synthétique léger
- ◆ Vingt-six paillettes et vingt-six petites perles, assorties aux tissus
- ◆ 30 cm de velours, dans une couleur assortie
- ◆ 30 cm de tissu, dans une couleur assortie, pour la doublure
- ◆ Une paire d'anses noires de 15 cm de large

Choisissez de petits motifs dans des tons assortis pour réaliser les losanges de ce sac matelassé.

1 Décalquez sur papier le modèle de la page 125, puis découpez le gabarit. À l'aide d'une règle et d'un feutre effaçable, tracez des bandes de 7 cm de large sur un tissu ; la longueur totale des bandes doit égaler 84 cm environ. Placez le gabarit à une extrémité d'une bande, en alignant les deux bords parallèles du gabarit avec ceux de la bande et tracez les deux autres côtés du losange. Déplacez le gabarit et répétez pour obtenir neuf ou dix losanges ; découpez-les soigneusement. Servez-vous éventuellement d'un cutter rotatif, d'une règle acrylique et d'une plaque de découpe pour couper deux épaisseurs de tissu à la fois. Procédez de même avec les autres tissus, afin d'obtenir soixante-quatre losanges en tout.

2 Pour former le devant, épinglez deux losanges différents bord à bord et endroit contre endroit, et piquez à 5 mm du bord. Continuez pour obtenir une bande de huit losanges. Effectuez sept autres bandes de la même manière. Ouvrez toutes les coutures au fer et égalisez les réserves avec les bords de coupe. Assemblez les différentes bandes de la même manière, en prenant soin de faire coïncider les coutures.

5 Cousez des paillettes surmontées de perles au centre des losanges, de manière symétrique, en les nouant individuellement. Coupez une pièce de velours et deux pièces de doublure, toutes de mêmes dimensions que le devant.

6 Bord à bord et endroit contre endroit, épinglez le patchwork sur le velours le long de la base et des côtés. Piquez à 1,5 cm du bord, en pivotant aux angles inférieurs. Avec le fer, rentrez 1,5 cm le long des bords supérieurs. Coupez les coins de la réserve inférieure et ouvrez les coutures au fer. Coupez le molleton dépassant de la réserve ; repassez. Confectionnez la doublure de la même manière.

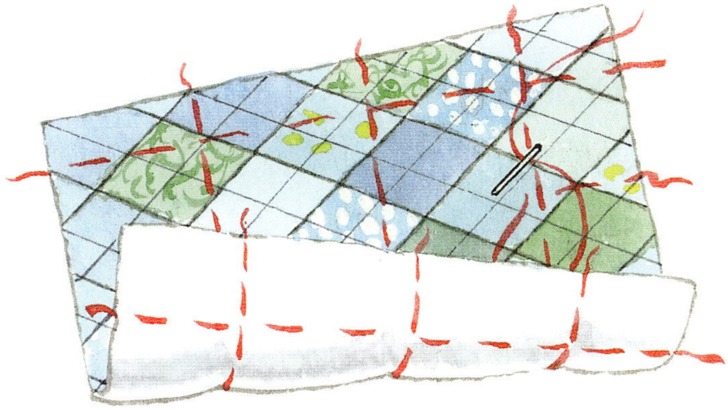

3 Positionnez le devant comme sur l'illustration et dessinez un rectangle au feutre ou à la craie de tailleur, avec les coins touchant les bords du patchwork. Aidez-vous d'une équerre ou d'une feuille de papier pour vérifier que les angles du rectangle sont bien droits. Le rectangle doit faire 28 x 41 cm environ. Découpez soigneusement le devant le long des lignes tracées. Coupez une pièce d'entoilage et une pièce de molleton de mêmes dimensions. En suivant les instructions du fabricant, repassez l'entoilage sur l'envers du patchwork, en veillant à ce que les réserves soient bien à plat.

4 Sur l'endroit du devant, tracez au feutre un quadrillage de lignes droites passant au centre de chaque losange, parallèles aux côtés des losanges. Épinglez le molleton sur l'envers du devant et faufilez-le à la main à l'aide de longs points avant pratiqués de haut en bas, d'un bord à l'autre et d'un coin à l'autre. Retirez les épingles. Piquez le long des lignes tracées, en commençant par le centre et en travaillant vers l'extérieur. Retirez le faufil.

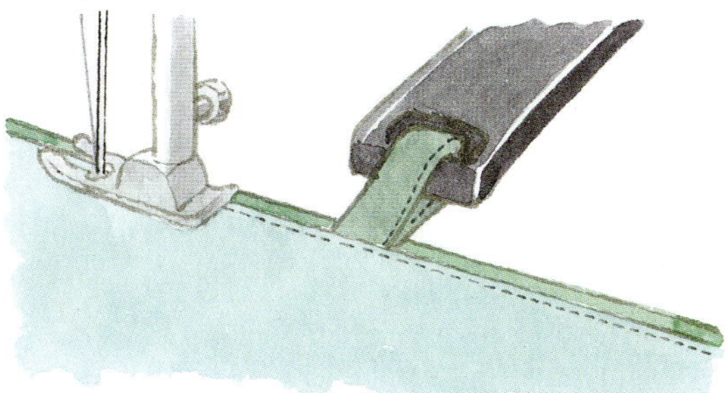

7 En vous aidant des anses, marquez leur emplacement à l'aide d'épingles ou du feutre sur l'envers du devant et du dos, au niveau des bords supérieurs, à égale distance de chaque couture latérale. Dans l'un des tissus imprimés, coupez une bande de 4 x 20 cm. Repliez les bords longs pour les joindre au centre, repassez et pliez la bande dans la longueur, côté endroit à l'extérieur, avant de repasser à nouveau. Surpiquez le long du bord. Coupez la bande en quatre longueurs égales, et glissez chaque passant dans les trous situés au bout des anses. Faufilez l'extrémité des passants ensemble. Épinglez et faufilez-les sur les marques tracées à l'intérieur du sac.

8 Retournez le sac sur l'endroit. Insérez la doublure, côté envers à l'extérieur, à l'intérieur du sac en faisant coïncider les coutures latérales. Épinglez le pourtour supérieur de la doublure à 3 mm au-dessous du bord du sac. Piquez près du bord et par-dessus les passants. Retirez le faufil.

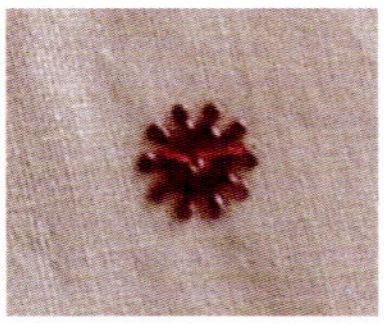

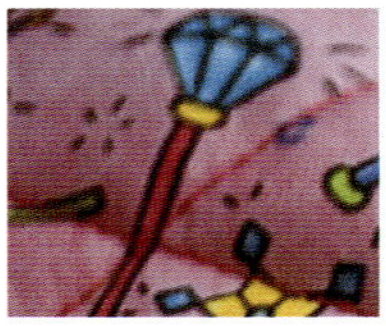

Sac de week-end

Quelle jeune fille résisterait à cet indispensable fourre-tout, assez grand pour contenir un pyjama, une trousse de toilette ou quelques trésors personnels à garder à portée de main ? Ses larges poignées de plastique et sa forme carrée le rendent aussi pratique que polyvalent. Il doit son originalité à un motif composé de six gros rectangles de tissu fantaisie qu'encadrent des bandes unies et rayées, extrêmement faciles à réaliser.

Dimensions : 38 cm de largeur, 42 cm de hauteur (anses non comprises), 6,5 cm de profondeur.

Fournitures :

- ◆ 40 cm (de chaque) de tissu fantaisie, de tissu uni et de tissu rayé
- ◆ Cutter rotatif, règle acrylique et plaque de découpe (facultatif)
- ◆ Fil à coudre assorti
- ◆ Vingt-quatre paillettes
- ◆ 50 cm d'entoilage thermocollant
- ◆ 50 cm de molleton synthétique léger
- ◆ Feutre effaçable
- ◆ 60 cm de vichy
- ◆ 6,50 x 38 cm de maille plastique (en vente dans les magasins de loisirs créatifs)
- ◆ Une paire d'anses transparentes en plastique de 15 cm de large

Optez pour des coloris pastel ou de franches couleurs primaires pour réaliser ce sac à emporter partout.

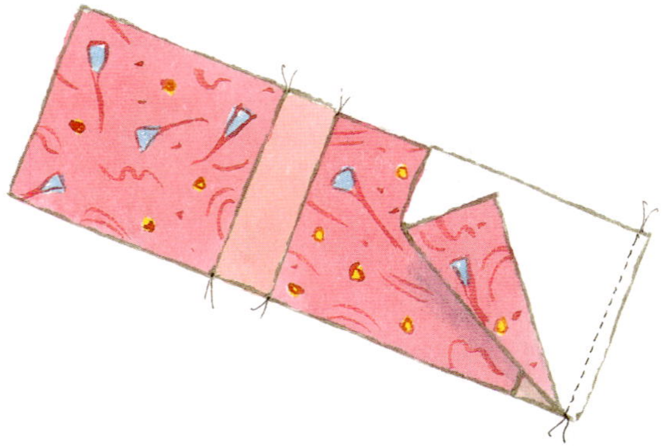

1 Dans le tissu fantaisie, coupez des bandes de 9,5 cm de large, de façon à obtenir une longueur totale d'1,50 m. Coupez ces bandes en huit rectangles de 11,5 cm de long et en quatre rectangles de 14 cm de long. Dans le tissu uni, coupez une bande de 4,5 x 76 cm, et coupez-la en huit rectangles de 9,5 cm de long. Coupez également deux bandes de 5 x 41 cm et quatre bandes de 4,5 x 41 cm. Dans le tissu rayé, coupez huit bandes de 5 x 41 cm. Servez-vous éventuellement d'un cutter rotatif, d'une règle acrylique et d'une plaque de découpe pour couper deux épaisseurs de tissu à la fois.

2 Bord à bord et endroit contre endroit, épinglez et piquez (à 5 mm du bord) les bords longs de deux bandes unies courtes aux bords courts de trois rectangles imprimés : placez un grand rectangle au centre, bordé de deux rectangles plus étroits, et chacun séparé par une bande unie. Ouvrez les coutures au fer. Confectionnez trois autres bandes de la même manière.

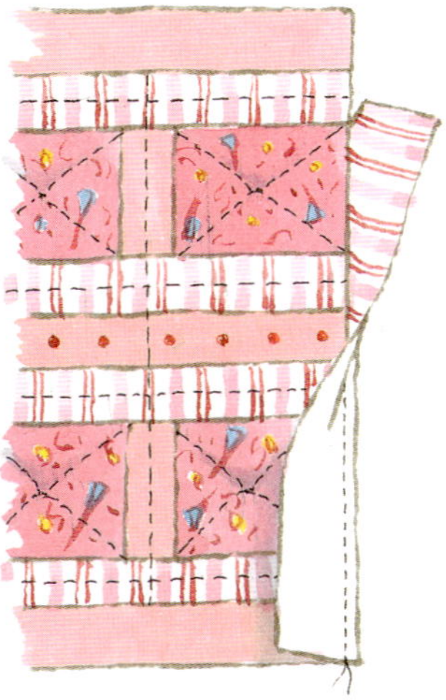

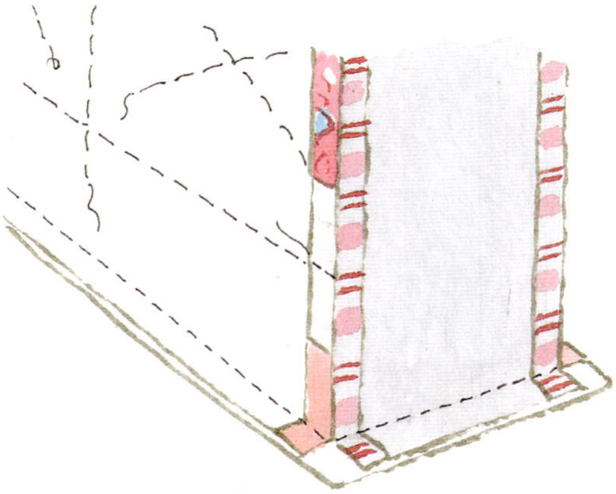

5 Dans le tissu rayé, coupez deux bandes de 9,5 x 38,5 cm pour les côtés et une bande de 9,5 x 41 cm pour la base. Bord à bord et endroit contre endroit, épinglez les côtés au devant par les bords latéraux, le bord supérieur de chaque côté dépassant d'1,5 cm la couture supérieure des pièces en tissu fantaisie. Piquez à 1,5 cm du bord, en laissant 1,5 cm non cousu en haut et en bas. Assemblez le dos aux côtés de la même manière. Avec le fer, rentrez 1,5 cm le long du bord supérieur du devant, des côtés et du dos. Crantez la réserve en haut de chaque côté du sac et rentrez la réserve au fer.

6 Bord à bord et endroit contre endroit, épinglez la base à 1,5 cm du bord, en laissant le 1,5 cm non cousu de chaque côté s'ouvrir à chaque coin (voir illustration). Si nécessaire, modifiez la taille de la base ou la largeur des coutures pour un ajustement parfait. Piquez en pivotant aux angles. Coupez le coin des réserves et ouvrez les coutures au fer. Coupez le molleton qui dépasse de la réserve. Avec le fer, rentrez un ourlet d'1,5 cm le long des bords de coupe supérieurs. Pour la doublure, coupez deux rectangles de vichy de 41 x 45 cm, plus les mêmes bandes que celles utilisées pour les côtés et la base du sac (voir étape 5). Confectionnez la doublure en suivant les étapes 5 et 6.

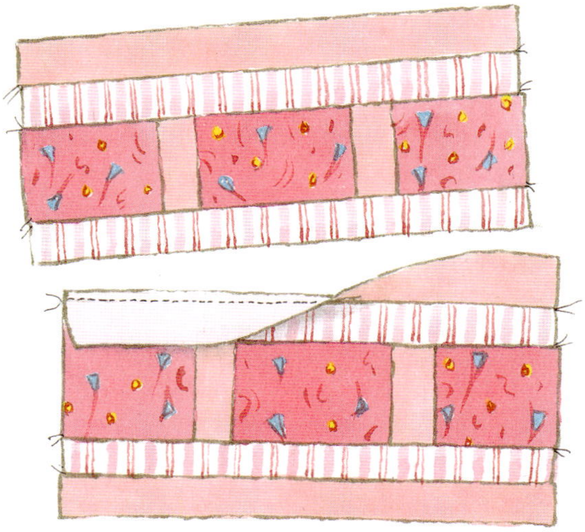

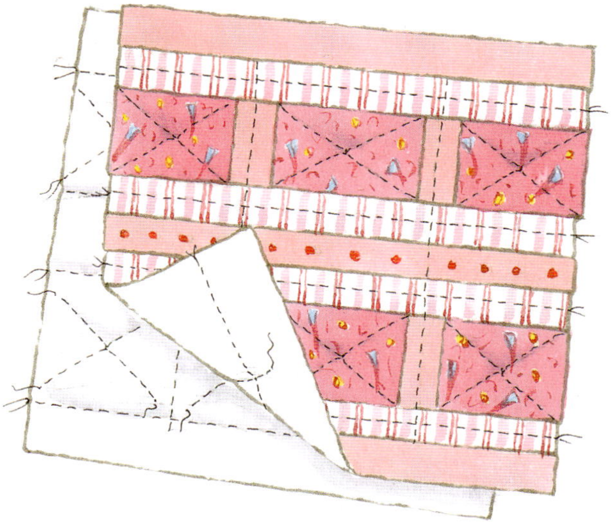

3 Assemblez ensuite une bande rayée en haut de chaque bande de patchwork, et une autre en bas. Ajoutez une bande unie en haut d'un patchwork, et une autre en bas d'un autre patchwork. Assemblez ces deux patchworks par une bande unie plus large, cousue entre les deux. Vous obtiendrez ainsi le devant du sac. Procédez de même avec le reste des pièces pour former le dos. Cousez des paillettes à la main le long de la bande unie centrale du devant et du dos. Découpez deux pièces d'entoilage et deux pièces de molleton, de mêmes dimensions que le devant et le dos (environ 41 x 45 cm). En suivant les instructions du fabricant, repassez l'entoilage sur l'envers du patchwork (devant et dos), en veillant à ce que les réserves soient bien à plat.

4 Sur l'endroit du devant et du dos, tracez au feutre une ligne droite passant au centre de chaque bande rayée. Tracez également des lignes verticales passant au centre de chaque bande unie verticale et des lignes diagonales d'un coin à l'autre des rectangles fantaisie. Épinglez les pièces de molleton sur l'envers du devant et du dos, et faufilez-les à l'aide de grands points avant exécutés de haut en bas, de bord à bord et de coin à coin. Retirez les épingles. Piquez le long des lignes tracées, en commençant par le centre et en travaillant vers l'extérieur. Retirez le faufil.

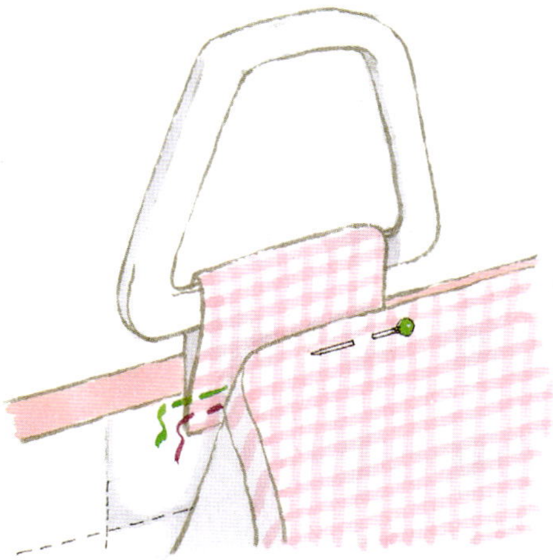

7 Coupez un rectangle de maille plastique de 6,5 x 38 cm (en ajustant la taille si la base a été modifiée en 6). Cousez-le à la main sur l'envers de la base à l'aide de quelques points à chaque coin. Pour les deux passants, coupez deux rectangles de vichy de 9 x 23 cm. Pliez-en un en deux, dans la largeur, endroit contre endroit. Piquez à 5 mm du bord le long du bord court. Ouvrez les coutures au fer, retournez sur l'endroit et repassez à nouveau. Faites de même pour l'autre passant. Glissez chaque passant autour d'une anse et faufilez les bords de coupe ensemble avant de faufiler l'extrémité d'un passant sur l'envers du devant, au centre du bord supérieur, et l'autre sur l'envers du dos, au même niveau.

8 Retournez le sac sur l'endroit et repassez-le. Insérez la doublure, côté envers à l'extérieur, à l'intérieur du sac en faisant coïncider les coutures latérales. Épinglez soigneusement le pourtour supérieur et piquez près du bord et pardessus les passants. Retirez le faufil.

Sacs à offrir

Quoi de plus précieux qu'un cadeau fait main, témoin du temps, de l'effort et du talent de celui qui l'a fait ? Aussi esthétique que pratique, un sac en patchwork réalisé par vos soins fera un cadeau idéal, notamment si vous le personnalisez en fonction des goûts, des intérêts et du mode de vie du destinataire. En choisissant tissus et passementeries avec soin, vous pourrez même l'adapter à une occasion particulière, comme un anniversaire ou une fête traditionnelle. Chacun des sacs présentés dans ce chapitre peut faire l'objet d'un ravissant cadeau, à moins que vous ne puissiez plus vous en séparer…

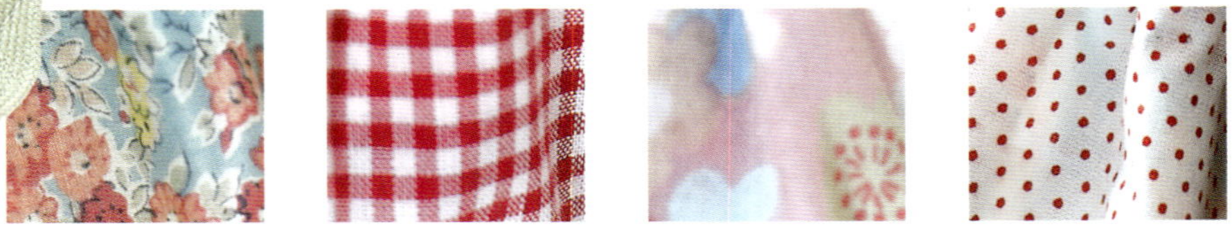

Sac à anses en bois

S'inspirant d'un sac à tricot traditionnel, ce charmant fourre-tout en patchwork est un moyen idéal d'utiliser vos chutes de joli tissu. De taille moyenne, il s'adapte à tous les usages, qu'il s'agisse de ranger son nécessaire de broderie ou d'emporter ses affaires à la plage. Légèrement froncé au niveau des anses de bois, il s'agrémente en outre de croquet et de boutons colorés du plus joyeux effet.

Dimensions : 54 cm de largeur, 34 cm de hauteur (anses non comprises).

Fournitures :

- Chutes d'environ cinq tissus imprimés
- Cutter rotatif, règle acrylique et plaque de découpe (facultatif)
- Fil à coudre assorti
- 80 cm de croquet d'une couleur (ici, vert pâle)
- 1,60 m de croquet d'une autre couleur (ici, rose vif)
- Vingt-cinq boutons assortis
- Une paire d'anses rondes en bois de 15 cm de large

Ce fourre-tout printanier s'inspire des sacs à tricot de nos grands-mères.

1 Dans les tissus imprimés, coupez un total de trente-six rectangles de 10 x 14 cm. Servez-vous éventuellement d'un cutter rotatif, d'une règle acrylique et d'une plaque de découpe pour couper deux épaisseurs de tissu à la fois.

2 Bord à bord et endroit contre endroit, assemblez les bords courts de deux rectangles et piquez à 5 mm du bord. Assemblez onze autres paires de la même manière. Pour six de ces paires, piquez un troisième rectangle à une extrémité. Coupez les six rectangles restants en deux dans la largeur (pour former des rectangles de 10 x 7 cm) et assemblez-les de part et d'autre des six autres paires de rectangles. Ouvrez les coutures au fer.

5 Coupez deux longueurs de croquet d'une couleur et quatre longueurs de l'autre couleur, chacune de même hauteur que le patchwork (environ 39 cm). Épinglez une longueur de croquet de la première couleur le long de la couture centrale du devant et l'autre (de même couleur) le long de la couture centrale du dos. Épinglez deux longueurs de croquet de la deuxième couleur le long des coutures les plus proches des bords, sur le devant et le dos. Surpiquez chaque longueur de croquet, au milieu du ruban. Cousez les boutons à la main à l'intersection de quelques rectangles.

6 En commençant à 14 cm du haut, piquez 4 cm sur les coutures latérales du devant et du dos, afin de les consolider. Bord à bord et endroit contre endroit, épinglez et piquez le devant et le dos sur la base et les côtés, à 5 mm du bord, en commençant et en vous arrêtant à 16 cm du haut et en pivotant aux angles inférieurs. Au début et à la fin de la couture, crantez la réserve presque jusqu'au fil. Coupez les coins inférieurs de la réserve et ouvrez les coutures au fer. Retournez le sac sur l'endroit et repassez-le.

3 Pour le devant, épinglez une bande de trois rectangles contre une bande de quatre rectangles, bord à bord et endroit contre endroit. Piquez à 5 mm du bord. Ajoutez quatre autres bandes de la même manière, en alternant les bandes de trois et les bandes de quatre pièces, pour terminer le devant. Ouvrez les coutures au fer et égalisez les bords de coupe. Procédez de même pour le dos, à l'aide des six autres bandes.

4 Dans le tissu de doublure, coupez un devant et un dos de mêmes dimensions que les patchworks (environ 39 x 55 cm). Bord à bord et endroit contre endroit, superposez le devant et le dos de la doublure et épinglez les côtés. Piquez à 5 mm du bord sur la base et les côtés, en terminant à 16 cm du bord supérieur et en pivotant aux angles inférieurs. Crantez la réserve au début et à la fin de la couture. Ouvrez les coutures au fer.

7 Insérez le sac, côté endroit à l'extérieur, à l'intérieur de la doublure (côté envers à l'extérieur). En faisant coïncider les bords de coupe supérieurs et les coutures latérales, épinglez les bords de coupe latéraux de la doublure à ceux du devant, endroit contre endroit ; piquez à 5 mm du bord. Assemblez le dos à la doublure de la même manière. Ouvrez les coutures au fer. Retournez le sac sur l'endroit par l'une des ouvertures supérieures pratiquées entre la doublure et le sac. Insérez la doublure à l'intérieur du sac et repassez.

8 Sur le devant, repassez un rentré de 5 mm en haut de la doublure et du sac, en travaillant le patchwork et la doublure comme une seule épaisseur. Faites de même sur le dos, puis piquez les deux ourlets. Passez le bord supérieur du devant autour d'une anse, doublure en dessous. Épinglez et cousez l'ourlet à la main sur l'intérieur du sac. Faites de même sur le dos avec l'autre anse.

Sac voiliers

Décoré de triangles évoquant une flotte de voiliers colorés, cet amusant cabas convient aux jeunes femmes comme aux plus âgées. Ses anses originales sont réalisées dans du tissu rigidifié découpé et cousu main. Le sac de l'illustration n'utilise que deux tissus : une étoffe unie et une autre à petits motifs, suffisamment variés pour différencier les « voiles » tout en les intégrant dans un thème général. Vous pouvez toutefois utiliser plusieurs imprimés, à condition que leurs couleurs ou motifs soient coordonnés.

Dimensions : 29,5 cm de largeur, 14,4 cm de hauteur (anses non comprises).

Fournitures :

- ◆ 50 cm de tissu uni
- ◆ 20 cm (au total) d'un ou de plusieurs tissus imprimés
- ◆ Cutter rotatif, règle acrylique et plaque de découpe (facultatif)
- ◆ Fil à coudre assorti
- ◆ Papier pour les gabarits
- ◆ 40 cm d'entoilage thermocollant
- ◆ Feutre effaçable
- ◆ Un bouton-pression (facultatif)

La répétition des triangles confère à ce sac une allure hautement stylée.

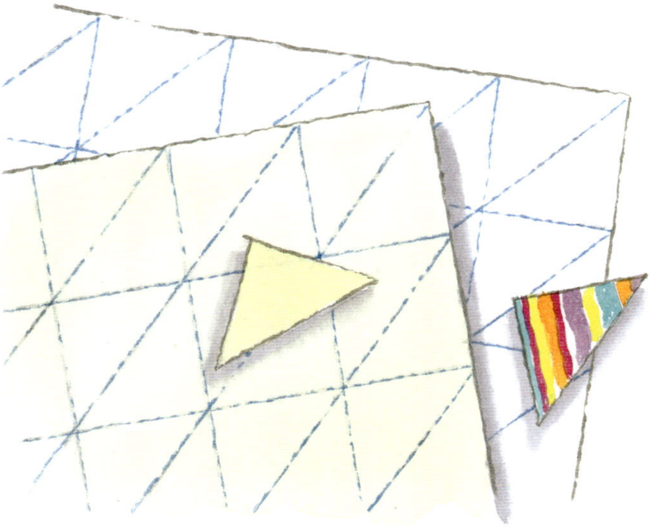

1 Sur l'envers du tissu uni, tracez un quadrillage de lignes espacées de 6,6 cm dans le droit fil, pour obtenir dix-huit carrés de 6,6 cm de côté. Ensuite, tracez des lignes droites, toutes dans le même sens, entre les coins diagonalement opposés de chaque carré. Découpez le long des traits, pour obtenir trente-six triangles. Procédez de même pour obtenir trente-six triangles de tissu imprimé. Servez-vous éventuellement d'un cutter rotatif, d'une règle acrylique et d'une plaque de découpe pour couper deux épaisseurs de tissu à la fois.

2 Bord à bord et endroit contre endroit, épinglez un triangle imprimé et un triangle uni par le bord long. Piquez à 5 mm du bord. Assemblez ainsi trente-cinq autres paires de triangles, puis ouvrez les coutures au fer. Coupez la pointe des réserves afin que celles-ci coïncident avec les bords de coupe. De même, assemblez six de ces carrés pour former une bande, les triangles imprimés placés en bas. Répétez pour former cinq autres bandes. Ouvrez les coutures au fer. Bord à bord et endroit contre endroit, assemblez trois bandes en piquant les bords longs à 5 mm du bord. Confectionnez le dos avec les trois bandes restantes. Ouvrez les coutures au fer.

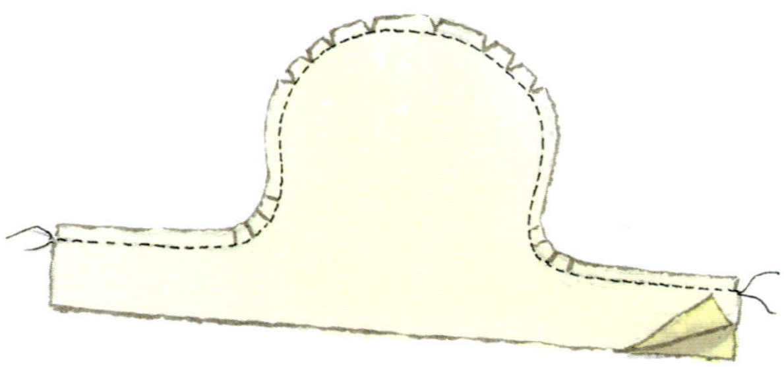

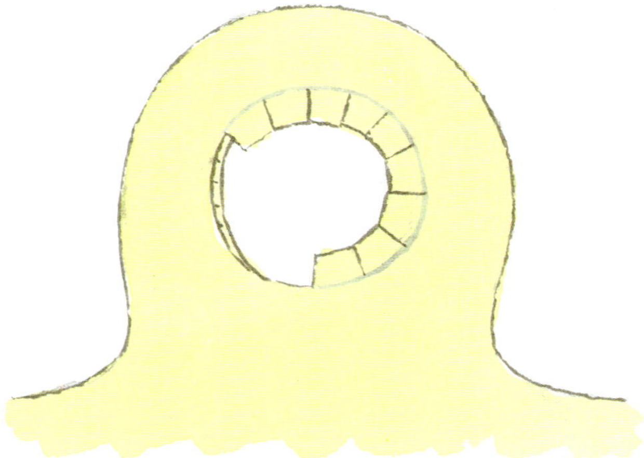

5 Bord à bord et endroit contre endroit, superposez les deux anses en les épinglant le long du bord supérieur. Piquez à 5 mm du bord, en vous appliquant dans les arrondis. Crantez la réserve dans les arrondis. Retournez sur l'endroit et repassez. À l'aide d'un feutre, tracez un plus petit ovale à l'intérieur du grand, espacé de 5 mm.

6 À l'aide de ciseaux bien aiguisés, découpez soigneusement le petit ovale d'une première épaisseur, puis celui de l'autre épaisseur, en veillant à ce qu'ils coïncident parfaitement. Crantez la réserve des deux épaisseurs, en coupant presque jusqu'au deuxième ovale. Rentrez la réserve des deux épaisseurs de sorte qu'elle soit prise en sandwich, en veillant à garder un arrondi aussi parfait que possible ; repassez. Procédez de même pour la deuxième anse.

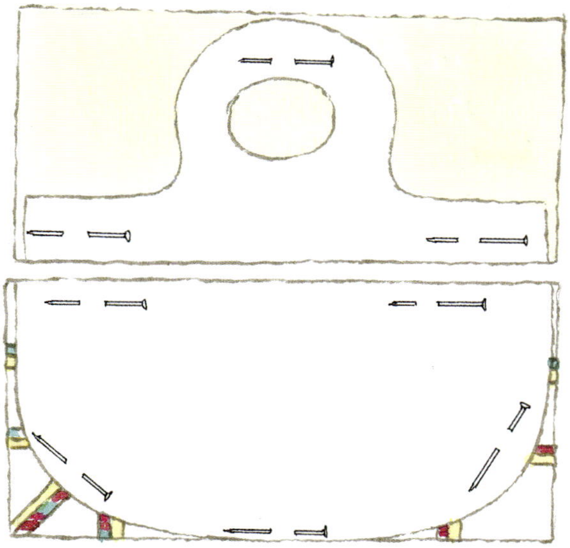

3 Agrandissez et décalquez sur papier les modèles de la page 126, puis découpez les gabarits. Pour le devant, épinglez le gabarit principal au centre du patchwork et découpez la forme. Faites de même pour le dos. Utilisez ce même gabarit pour découper deux pièces d'entoilage pour le tissu uni pour la doublure. Avec le gabarit de l'anse, découpez quatre pièces de tissu uni et quatre d'entoilage. À l'aide du feutre, tracez l'ovale sur l'endroit du tissu, sans toutefois le découper. En suivant les instructions du fabricant, repassez l'entoilage sur l'envers du patchwork (devant et dos), en veillant à ce que les réserves soient bien à plat. Faites de même pour consolider les quatre pièces des anses.

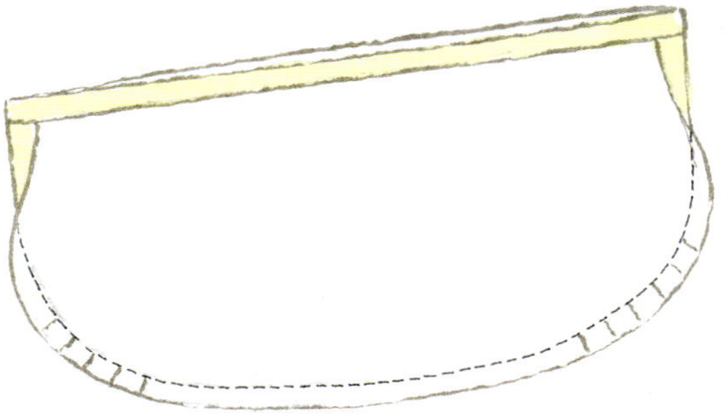

4 Bord à bord et endroit contre endroit, épinglez le devant et le dos par la base et les côtés. Piquez à 5 mm du bord. Crantez la réserve dans les arrondis. Ouvrez la couture au fer et rentrez un ourlet de 5 mm le long des bords de coupe supérieurs. Confectionnez la doublure de la même manière. Retournez le sac sur l'endroit et repassez-le.

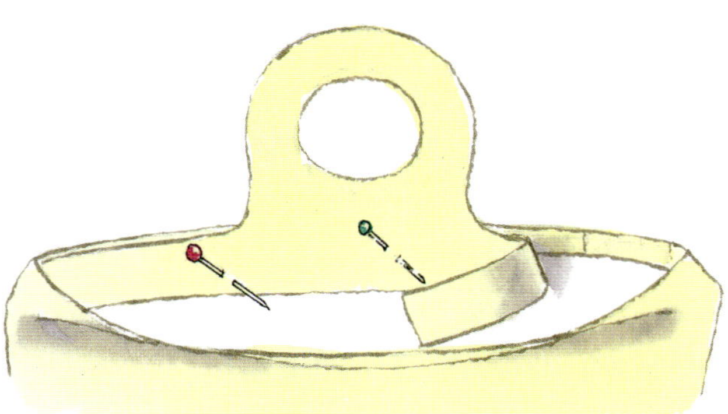

7 Épinglez et cousez les bords de l'ovale de chaque anse au point d'ourlet. Épinglez et faufilez la partie inférieure d'une anse sur l'envers du devant, de sorte que le haut de la partie rectiligne de l'anse se trouve juste en dessous du bord supérieur du sac. Épinglez et faufilez l'autre anse sur le dos de la même manière, de sorte qu'elle coïncide parfaitement avec la première.

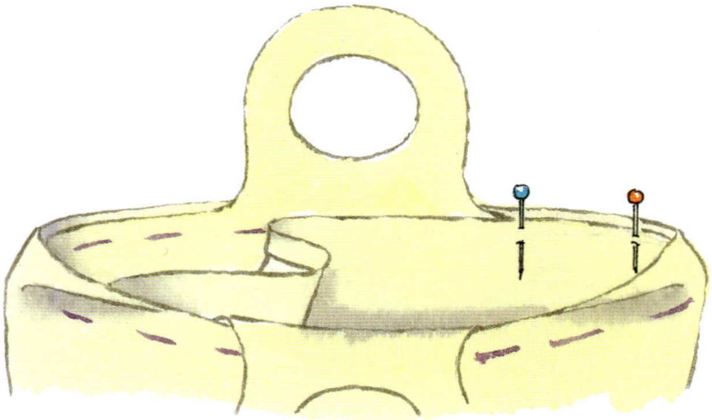

8 Insérez la doublure, côté envers à l'extérieur, à l'intérieur du sac en faisant coïncider les coutures latérales. Épinglez la doublure le long des bords rentrés du sac. Piquez près du bord et par-dessus la partie rectiligne des anses. Retirez le faufil. Éventuellement, cousez la partie mâle d'un bouton-pression à l'intérieur du devant, au centre du bord supérieur et la partie femelle à l'intérieur du dos, juste en face (en ne cousant qu'à travers la doublure et l'anse).

Sac à petites roses

L'éclat du passepoil métallique se mêle à celui des roses décoratives pour conférer à ce petit sac une allure à la fois romantique et glamour. Le motif du devant se compose d'un assemblage de triangles découpés dans un ravissant imprimé floral, juxtaposés à d'autres triangles réalisés dans un tissu à pois coordonné, le tout entouré de bandes de tissu à fleurs. L'anse est confectionnée dans ce même tissu floral, tandis que le dos et la doublure sont faits dans un imprimé à grosses fleurs, mais toujours dans la même gamme de couleurs.

Dimensions : 33,5 cm de largeur, 16,5 cm de hauteur (anses non comprises).

Fournitures :

- ◆ 10 cm (de chaque) de tissu à petites fleurs et à petits pois
- ◆ Feutre effaçable
- ◆ Cutter rotatif, règle acrylique et plaque de découpe (facultatif)
- ◆ Fil à coudre assorti
- ◆ 20 cm d'entoilage thermocollant
- ◆ 40 cm de tissu à grosses fleurs assorti
- ◆ 80 cm de passepoil métallique fin
- ◆ Quatre petites roses en ruban
- ◆ Un bouton-pression

Quelques petites roses et du passepoil métallisé font ressortir les douces couleurs de ce charmant sac à main.

1 Sur l'envers du tissu à petites fleurs, tracez un quadrillage de lignes espacées de 7 cm dans le droit fil, jusqu'à ce que vous obteniez cinq carrés de 7 cm de côté. Ensuite, tracez des lignes diagonales, toutes dans le même sens, d'un coin à l'autre des carrés. Découpez le long des traits pour obtenir dix triangles. Procédez de même pour obtenir dix triangles de tissu à pois. Servez-vous éventuellement d'un cutter rotatif, d'une règle acrylique et d'une plaque de découpe pour couper deux épaisseurs de tissu à la fois.

2 Bord à bord et endroit contre endroit, épinglez le bord long d'un triangle à fleurs et d'un triangle à pois. Piquez à 5 mm du bord. Répétez pour assembler neuf autres paires de triangles. Ouvrez les coutures au fer. Coupez les pointes de la réserve pour les égaliser avec les bords de coupe.

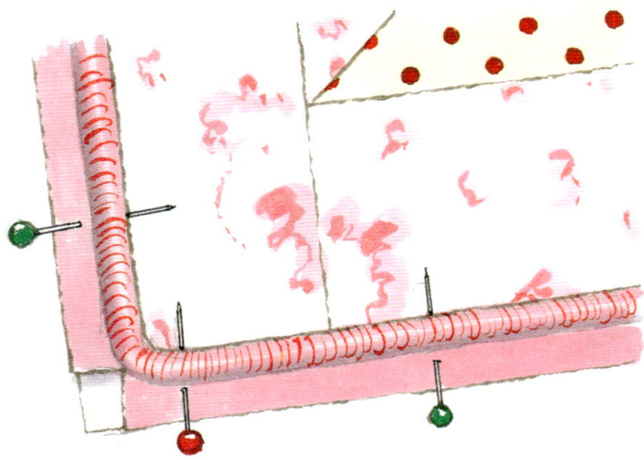

5 Coupez deux pièces d'entoilage et trois pièces de tissu à grosses fleurs (dont deux pour la doublure), chacune de mêmes dimensions que le devant (environ 19,5 x 36,5 cm). En suivant les instructions du fabricant, repassez l'entoilage sur l'envers du patchwork et d'une des pièces de tissu à grosses fleurs, en veillant à ce que les réserves soient bien à plat. Épinglez le passepoil sur l'endroit du devant, le long de la base et des côtés, en plaçant le passepoil à 1,5 cm du bord, réserves vers l'extérieur. Crantez la réserve dans les angles inférieurs. Coupez l'excédent de passepoil une fois qu'il est épinglé. Avec le pied ganseur ou le pied pour fermeture éclair de votre machine (de l'autre côté de l'aiguille par rapport au passepoil), faufilez le passepoil sur le tissu à un peu moins d'1,5 cm du bord.

6 Bord à bord et endroit contre endroit, épinglez le dos contre le devant passepoilé, le long de la base et des côtés. Avec le pied ganseur ou le pied pour fermeture éclair de votre machine, piquez à 1,5 cm du bord, tout près du passepoil. Coupez les coins de la réserve inférieure puis ouvrez la couture au fer. Avec le fer, rentrez un ourlet d'1,5 cm le long des bords de coupe supérieurs. Confectionnez la doublure de la même manière, mais sans passepoil. Retournez le sac sur l'endroit et repassez-le.

3 Bord à bord et endroit contre endroit, assemblez cinq de ces carrés en une bande, en piquant à 5 mm du bord. Positionnez les carrés comme sur l'illustration (bande du haut). Faites de même pour obtenir une deuxième bande, dont le motif sera l'image inversée de la première (voir illustration, bande du bas). Ouvrez les coutures au fer.

4 Bord à bord et endroit contre endroit, épinglez le bord inférieur de la première bande et le bord supérieur de la deuxième. Piquez à 5 mm du bord, puis ouvrez la couture au fer. Dans le tissu à petites fleurs, coupez deux bandes de 5 cm de largeur et de même longueur que le patchwork (environ 27,5 cm). Bord à bord et endroit contre endroit, épinglez-les le long des bords supérieur et inférieur du patchwork. Piquez à 5 mm du bord et repassez les coutures au fer. Coupez deux autres bandes, chacune de 5 cm de large et de même hauteur que le patchwork (environ 19,5 cm). Assemblez-les aux côtés du patchwork de la même manière et repassez.

7 Pour l'anse, coupez une bande de tissu à petites fleurs de 7,5 x 27 cm. Pliez-la dans la longueur endroit contre endroit. Épinglez et piquez à 5 mm du bord le long du bord long. Fixez une épingle de sûreté à une extrémité et passez-la dans le manchon de tissu afin de le retourner sur l'endroit. Repassez l'anse. Épinglez et faufilez une extrémité de l'anse sur le devant du sac, au centre du bord supérieur (côté envers) et l'autre au dos du sac, juste en face.

8 Cousez quatre petites roses à la main sur le devant du sac. Insérez la doublure, côté envers à l'extérieur, à l'intérieur du sac en faisant coïncider les coutures latérales. Épinglez la doublure contre les bords rentrés. Piquez près du bord et par-dessus l'extrémité des anses. Retirez le faufil. Éventuellement, cousez la partie mâle d'un bouton-pression à l'intérieur du devant, au centre du bord supérieur et la partie femelle à l'intérieur du dos, juste en face (en ne cousant qu'à travers la doublure et l'anse).

Sacoche en flanelle

À la fois élégante et douillette, cette sacoche au format très pratique est réalisée dans une flanelle souple et résistante. La forme singulière de l'anse, très large, permet d'y glisser le bras sans encombre. Mais c'est surtout le motif de carrés imbriqués, sur le devant, qui donne à ce sac toute son originalité. Fait de longueurs de rubans superposées, il tranche agréablement avec le côté feutré de la flanelle. Choisissez des tissus à motifs noir et blanc ou des écossais de différentes couleurs, pour un effet optimal.

Dimensions : 29 cm de largeur, 29 cm de hauteur (anses non comprises), 5,5 cm de profondeur.

Fournitures :

- Un carré de 15 cm de côté de tissu de support (ici, de la toile écrue)
- 30 cm de tissu de coton à petits pois
- Feutre effaçable
- Rubans assortis à pois, à carreaux et unis, de 1 à 2,5 cm de large
- 70 cm de flanelle
- Fil à coudre assorti
- 40 cm de tissu à gros pois, pour la doublure
- Papier pour le gabarit
- 30 cm de bande velcro

Des rubans à motifs noir et blanc mettent en valeur une flanelle douce et moelleuse.

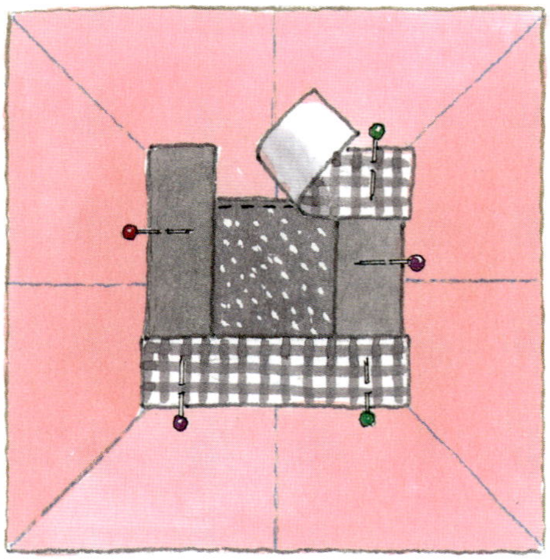

1 Sur un carré de toile de 15 cm de côté, marquez le point central ainsi que le milieu de chaque côté. Tracez des lignes passant par le centre pour relier les points latéraux ainsi que les coins. Ces traits vous serviront de repère pour le motif de ruban. Coupez un carré de tissu à petits pois de 4,5 cm de côté et cousez-le à la main au centre de la toile, sur ses quatre côtés. Faites-lui un cadre en épinglant deux longueurs d'un ruban à droite et à gauche, et deux longueurs d'un autre ruban en haut et en bas, de sorte que ce cadre recouvre les bords de coupe du carré central. Servez-vous des lignes tracées sur la toile en guise de repère. Cousez les rubans à la main uniquement le long du bord extérieur.

2 Faites un deuxième cadre, plus large, avec quatre autres longueurs de ruban. Cette fois-ci, disposez-le en losange, en ajustant sa taille de sorte qu'à l'intérieur du losange, certaines parties du premier cadre – mais pas de la toile – soient visibles. N'oubliez pas de ne coudre que le bord extérieur. Le troisième cadre sera fait à l'identique, mais un peu plus grand et de nouveau « droit », comme le premier. Continuez ainsi à alterner des carrés et des losanges, de plus en plus grands. Terminez par un cadre en losange (il ne doit rester qu'une infime partie de toile visible tout autour). Coupez l'excédent de ruban, afin qu'ils coïncident avec les bords de la toile.

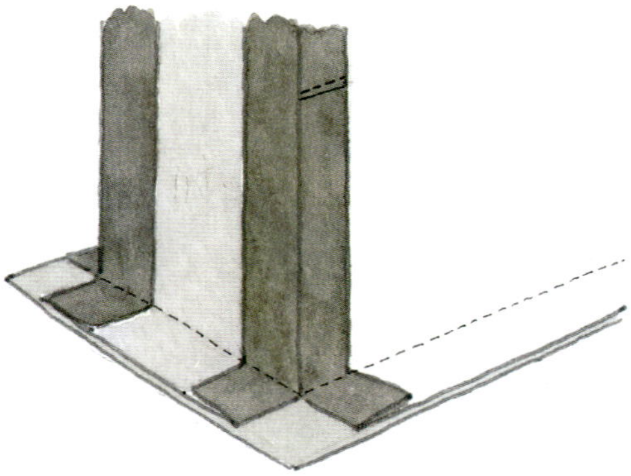

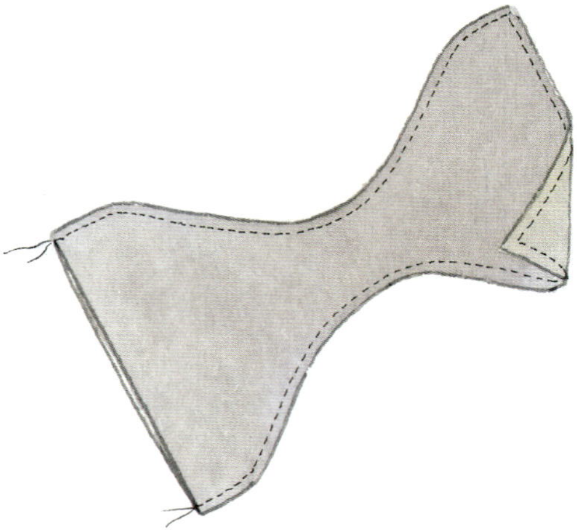

5 Bord à bord et endroit contre endroit, épinglez les côtés au devant par les côtés longs, et piquez à 1,5 mm du bord, en laissant 1,5 cm non cousu en bas. Assemblez le dos aux côtés de la même manière. Bord à bord et endroit contre endroit, épinglez la base à 1,5 cm du bord, en laissant les 5 mm non cousus de chaque côté s'ouvrir à chaque coin (voir illustration). Si nécessaire, modifiez la taille de la base ou la largeur des coutures pour un ajustement parfait. Piquez en pivotant aux angles. Coupez le coin des réserves et ouvrez les coutures au fer. Avec le fer, rentrez 1,5 cm le long du bord supérieur du sac. Confectionnez la doublure de la même manière. Retournez le sac sur l'endroit et repassez-le.

6 Pour l'anse, agrandissez et décalquez sur papier le modèle de la page 127, en ajustant l'agrandissement afin que les extrémités soient 1 cm plus larges que le devant du sac ; découpez le gabarit. Utilisez-le pour découper une pièce de flanelle et une pièce de tissu à petits pois. Bord à bord et endroit contre endroit, épinglez les deux pièces le long des côtés et de l'extrémité la plus « épaisse » (dos), en laissant l'autre extrémité ouverte. Piquez à 5 mm du bord, en pivotant aux angles. Coupez les coins de la réserve et crantez la réserve dans les arrondis. Ouvrez la couture au fer, retournez sur l'endroit et repassez.

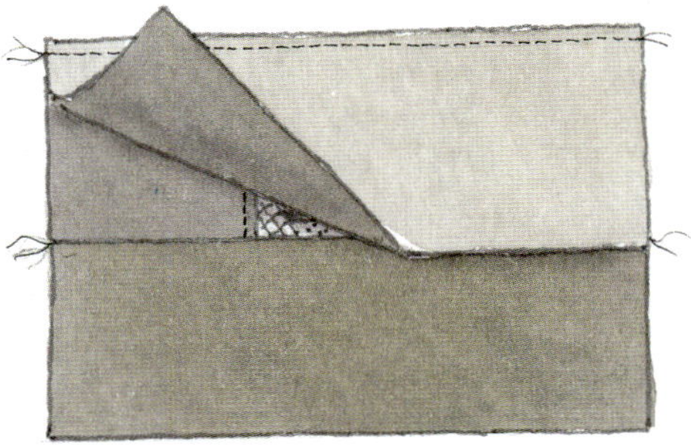

3 Dans la flanelle, coupez deux carrés de 11 cm de côté. Avec le fer, rentrez 5 mm sur un côté de chaque. Pliures côté motif, épinglez-les sur les côtés droit et gauche du motif, à 10 cm de distance, bien centrés par rapport aux bords supérieur et inférieur et chevauchant les rubans de sorte que la toile ne soit plus visible. Surpiquez près des bords pliés. Coupez deux rectangles de flanelle de 11 x 32 cm. Bord à bord et endroit contre endroit, épinglez les autres pièces de flanelle au-dessus et en dessous du motif, en superposant les rubans de sorte que la toile ne soit plus visible. Piquez à 5 mm du bord. Ouvrez les coutures au fer et surpiquez tout près du bord de chaque couture.

4 Dans la flanelle, coupez un dos de mêmes dimensions que le devant (environ 32 x 32 cm), une bande de 8,5 cm de large et de même largeur que le devant (pour la base), et deux bandes de 8,5 cm de large et de même hauteur que le devant (pour les côtés). Dans le tissu de doublure, coupez deux pièces de mêmes dimensions que le devant et trois bandes de mêmes dimensions que les bandes de flanelle coupées pour la base et les côtés. Dans l'entoilage, coupez deux pièces de mêmes dimensions que le devant et trois bandes de mêmes dimensions que celles en flanelle. En suivant les instructions du fabricant, repassez l'entoilage sur l'envers du devant, du dos, de la base et des côtés, en veillant à ce que les réserves soient bien à plat.

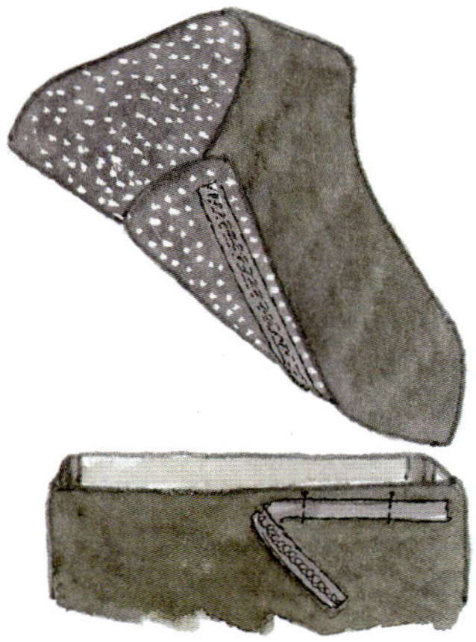

7 Épinglez et piquez la partie lisse d'une longueur de velcro sur le tissu à pois de l'anse, au niveau de l'extrémité cousue, près du bord. Sur l'endroit du dos, épinglez et piquez la partie rugueuse du velcro, à 2,5 cm du bord supérieur. Faufilez l'extrémité non cousue de l'anse à la machine (à 5 mm du bord).

8 Épinglez et bâtissez l'extrémité faufilée de l'anse sur l'envers du devant, le long du bord supérieur. Insérez la doublure, côté envers à l'extérieur, à l'intérieur du sac en faisant coïncider les coutures latérales. Épinglez la doublure sur les bords rentrés et piquez près du bord et par-dessus la partie inférieure de l'anse. Retirez le fil de bâti. Assemblez les bandes velcro pour fixer l'anse à la sacoche.

Sac rond matelassé

On trouve parfois dans les brocantes ou aux puces de la soie ancienne sous forme de jupons ou autres vêtements d'antan. S'ils vous paraissent trop usés, vous pouvez toutefois récupérer les parties intactes pour confectionner un ravissant sac de soirée. Ce petit sac circulaire, en l'occurrence, a été réalisé dans de la soie ancienne teinte, assemblée en patchwork et matelassée à la main, avant d'être décorée de minuscules perles et paillettes. Le lustre de la soie, conjugué à la délicate texture du matelassage, fait de ce petit sac l'accessoire idéal de vos sorties habillées.

Dimensions : 16 cm de diamètre (anses non comprises).

Fournitures :

- ◆ Un carré de 30 cm de soie ancienne
- ◆ Lessive pour textile délicat
- ◆ Teinture à l'eau froide avec fixatif et sel non iodé (facultatif)
- ◆ Carton pour les gabarits et papier rigide pour les patrons
- ◆ Fil à coudre assorti et fil à matelasser
- ◆ Feutre effaçable
- ◆ Un carré de 20 cm d'entoilage thermocollant et de molleton synthétique léger
- ◆ Un carré de 20 cm de velours assorti
- ◆ 20 cm de soie écrue, pour la doublure
- ◆ Petit tambour à matelasser
- ◆ Une fermeture éclair de 20 cm assortie
- ◆ Vingt petites paillettes et trente-quatre petites perles

Une délicate soie aux tons de pêche est agrémentée d'un matelassage sophistiqué.

50 ml ℮

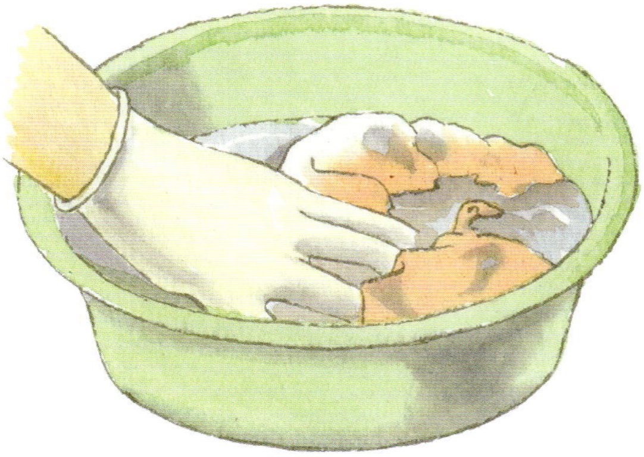

1 Coupez un morceau de soie et lavez-le à la main ; rincez bien. Si vous souhaitez teindre la soie, préparez la teinture selon les instructions du fabricant et effectuez un essai préalable. Quand le résultat vous plaît, immergez la soie dans le bain de teinture et, à l'aide de gants de caoutchouc, agitez-la constamment mais doucement pendant 5 minutes environ. Vérifiez la couleur en rinçant la soie à l'eau froide ; si elle est trop pâle, trempez-la de nouveau dans la teinture pendant 5 minutes. Rincez bien à l'eau froide, puis tamponnez avec un torchon propre pour retirer l'excédent d'eau. Repassez la soie au fer doux pendant qu'elle est encore humide.

2 Décalquez sur carton les deux modèles de la page 125 et découpez les gabarits. Tracez le contour des gabarits sur du papier rigide et découpez-le pour obtenir un hexagone et six formes semi-arrondies, que vous utiliserez comme patrons. Placez les supports sur l'envers de la soie, en alignant le bord intérieur droit (opposé au bord arrondi) avec le droit fil de la soie. Avec un crayon ou un feutre, tracez le contour de chaque support, en suivant la forme du patron mais en ajoutant une réserve de 5 mm tout autour. Découpez soigneusement les pièces de soie.

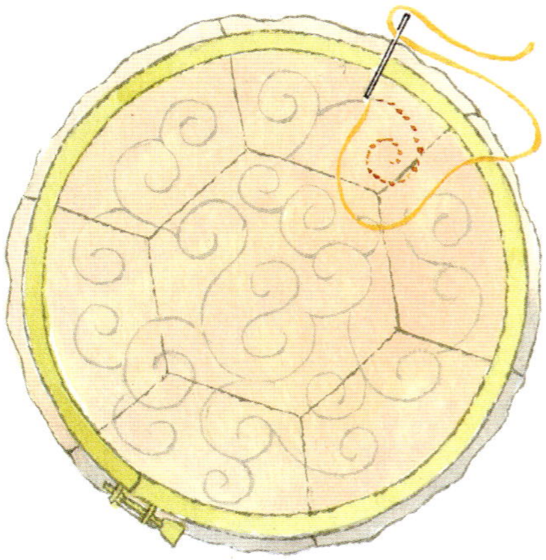

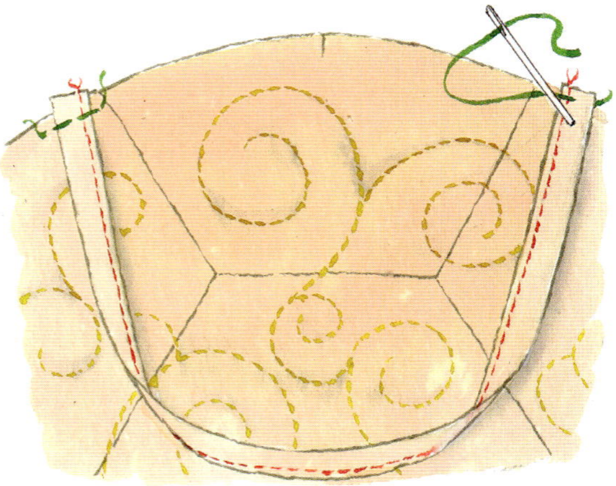

5 Coupez une pièce dans l'entoilage, le molleton et le velours, ainsi que deux pièces de soie écrue, toutes de mêmes dimensions que le devant. En suivant les instructions du fabricant, repassez l'entoilage sur l'envers du patchwork, en veillant à ce que les réserves soient bien à plat. À l'aide d'un feutre, dessinez un motif de volutes sur l'endroit du devant. Épinglez le molleton sur la face entoilée du devant et faufilez-le à grands points de haut en bas, de bord à bord et dans la diagonale. Retirez les épingles, insérez le devant dans le tambour et, à l'aide de fil à matelasser, effectuez de petits points arrière sur les courbes du motif. Retirez le faufil. Cousez les paillettes sur le devant, puis retirez le tissu du tambour.

6 Pour les anses, coupez deux bandes de soie de 4 x 30 cm. Repliez les bords longs pour qu'ils se rejoignent au centre, repassez et pliez en deux dans la longueur, côté endroit à l'extérieur, avant de repasser à nouveau. Surpiquez près du bord. À l'aide d'un feutre, marquez un point au centre du bord supérieur, puis un autre point à 4,5 cm de part et d'autre. Bord à bord et endroit contre endroit, faufilez les extrémités d'une anse au niveau de ces points latéraux. Faufilez l'autre anse de la même manière sur la pièce de velours. Placez la fermeture éclair au centre du bord supérieur du devant, marquez les extrémités sur l'envers, puis mettez la fermeture éclair de côté.

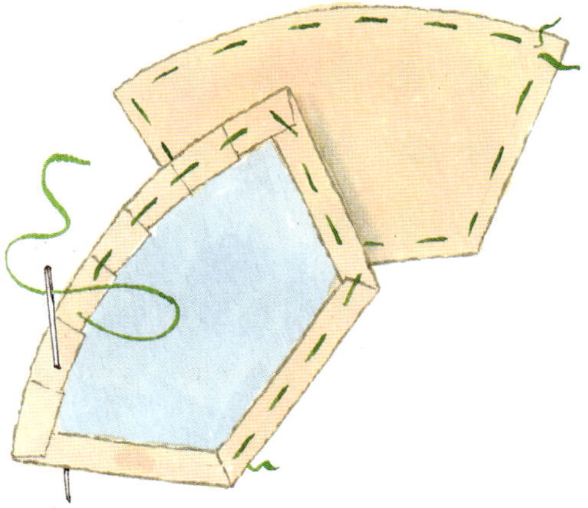

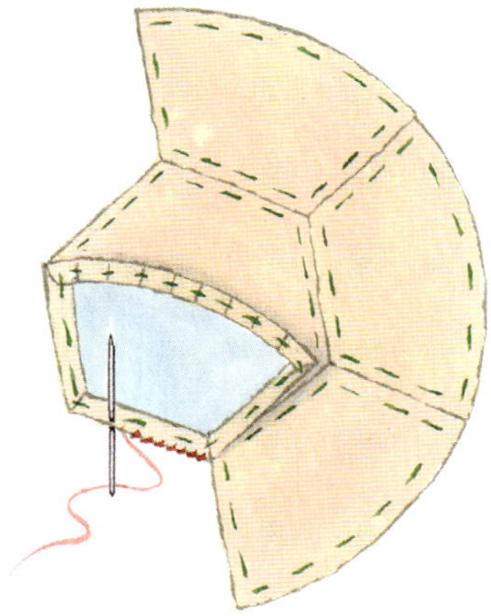

3 Le patron placé sur l'envers d'une pièce de tissu, repliez un côté de la réserve sur le papier, en l'ajustant bien. Faufilez à la main en prenant les deux épaisseurs. Coupez les coins de la réserve, puis repliez la réserve adjacente du tissu sur le papier et faufilez de la même manière, en incluant le coin plié. Faites de même avec les autres côtés (en coupant la réserve avant de faufiler l'arrondi). Faufilez ainsi chaque pièce de tissu sur son patron de papier.

4 Endroit contre endroit et coins alignés, placez une pièce semi-arrondie sur l'hexagone, de sorte que leur bord commun coïncide parfaitement. Cousez les deux pièces à la main à l'aide de petits points, d'un coin à l'autre, sans prendre le papier dans la couture. Faites quelques points arrière à chaque coin pour consolider la couture. De même, assemblez les autres pièces à l'hexagone avant de coudre les pièces adjacentes ensemble pour terminer le devant. Retirez le faufil et les patrons. Repassez.

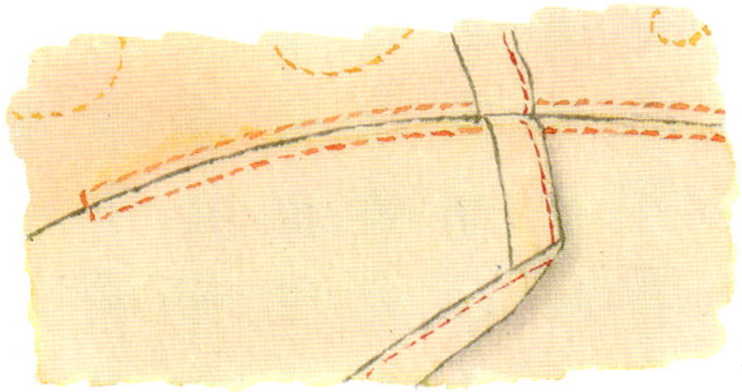

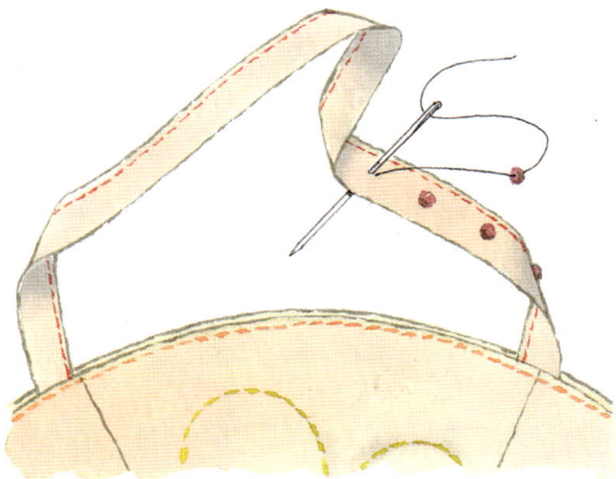

7 Bord à bord et endroit contre endroit, épinglez le devant et le dos le long du bord supérieur. Piquez sur 2,5 cm (à 1,5 cm du bord) à partir des points marqués. Faufilez à la machine entre ces deux points (toujours à 1,5 cm du bord). Ouvrez la couture au fer puis ouvrez le travail, côté envers dessus. Épinglez la fermeture éclair fermée, face dessous, entre les points, les dents contre la couture (évitez d'épingler les anses de l'autre côté). Faufilez la fermeture éclair à la main, en évitant les anses. Retirez les épingles et retournez le sac. Avec le pied ganseur de votre machine, surpiquez chaque côté de la fermeture éclair (anses comprises), puis en travers des extrémités juste au-delà des arrêts inférieur et supérieur. Retirez le faufil et ouvrez la fermeture éclair.

8 Bord à bord et endroit contre endroit, épinglez le devant et le dos et piquez à 1,5 cm du bord tout autour, à partir des coutures de la fermeture éclair. Crantez la réserve dans les arrondis et coupez le molleton qui dépasse. Ouvrez la couture au fer et retournez le sac sur l'endroit. Confectionnez la doublure de la même manière, mais sans fermeture éclair (laissez à la place une ouverture de 5 mm plus longue que la fermeture éclair et rentrez la réserve de cette ouverture au fer). Insérez la doublure, côté envers à l'extérieur, à l'intérieur du sac en faisant coïncider les coutures latérales. Cousez les bords rentrés à l'intérieur de l'ouverture de la fermeture éclair, au point arrière. Enfin, cousez dix-sept perles sur chaque anse, à intervalles réguliers.

Pochette étoile en soie

Faites vibrer les couleurs vives de la soie dans cette élégante pochette de soirée. Sa forme simple met remarquablement bien en valeur le médaillon de patchwork, au ravissant motif d'étoile. Fait de rectangles superposés et repliés en triangles, ce médaillon de petite taille se confectionne relativement rapidement. Son effet est cependant total et fera de cette pochette un cadeau fort apprécié.

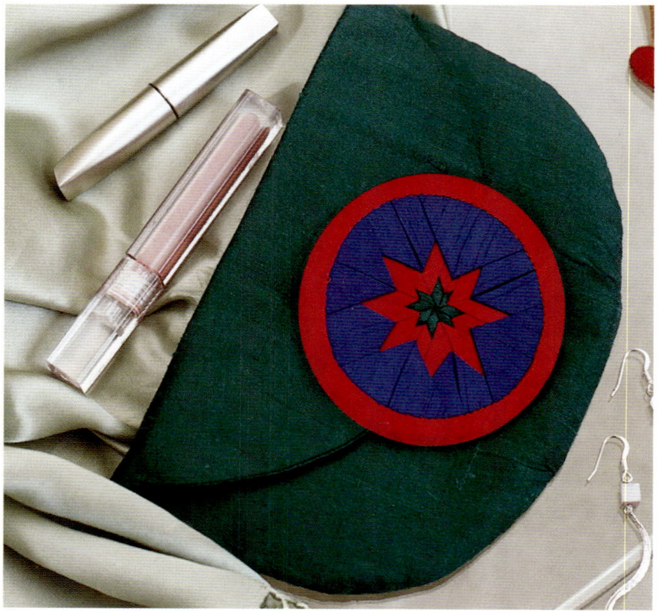

Dimensions : 20,5 cm de largeur, 13 cm de hauteur.

Fournitures :

◆ Papier pour les gabarits

◆ 40,50 x 51 cm de soie dans une couleur vive (ici, vert jade)

◆ 25,50 x 40,50 cm de molleton synthétique léger

◆ Fil à coudre assorti

◆ Chute de tissu pour le support (ici, toile écrue)

◆ Chutes de soie dans deux autres couleurs vives (ici, rouge et bleu)

◆ Compas et feutre pour textile

◆ Un carré de 10 cm d'entoilage thermocollant

Les couleurs chatoyantes que sont le rouge, le bleu et le vert se combinent dans cette ravissante pochette.

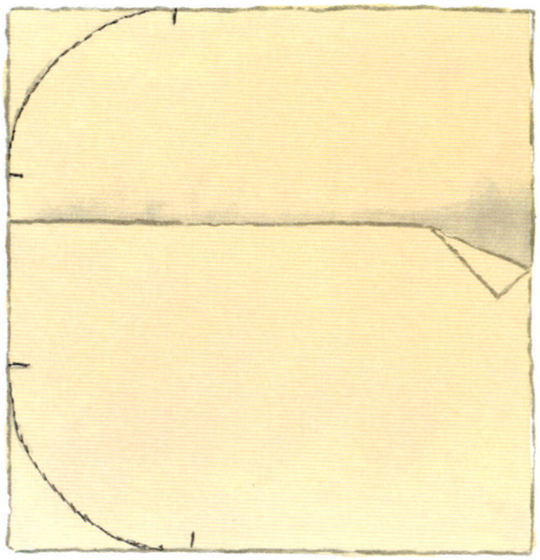

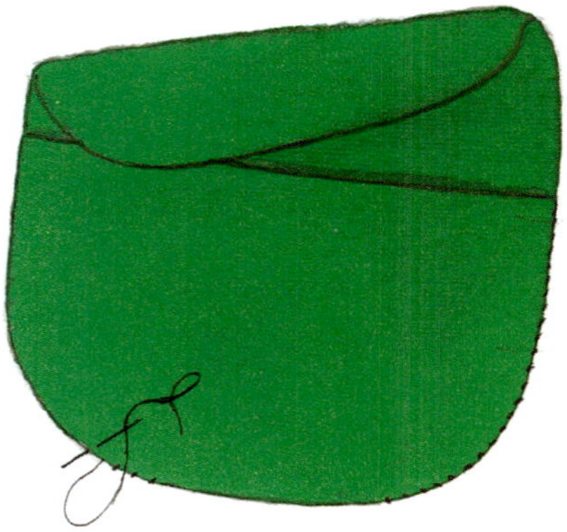

1 Pour réaliser le gabarit de la pochette, tracez un rectangle de 21,5 x 35,5 cm sur du papier et découpez-le. Repliez un bord court sur 13,5 cm. À un coin du bord replié, marquez des points situés à 7,5 cm du coin. Faites de même sur le côté non plié du rectangle. Dessinez un léger arrondi entre les deux points de chaque coin et découpez la forme. Dépliez le papier et pliez-le en deux dans la longueur. Dessinez le contour des arrondis et découpez-les. Dépliez le gabarit et utilisez-le pour découper deux pièces de soie dans la première couleur (vert) et une pièce de molleton.

2 Endroit contre endroit, superposez les deux pièces de soie et placez le molleton par-dessus. Épinglez et piquez à 5 mm du bord, en laissant une ouverture. Coupez le molleton qui dépasse. Ouvrez la couture au fer et retournez la soie sur l'endroit. Repassez, rentrez les bords de coupe de l'ouverture et cousez-les au point d'ourlet. Repliez le bas de la pochette, épinglez les bords et cousez-les au point d'ourlet. Repliez l'autre partie par-dessus, qui formera le rabat.

5 Confectionnez huit triangles dans la deuxième couleur (rouge), comme dans l'étape 3. Épinglez-en quatre pardessus les verts, dans la même position mais en plaçant les pointes à 1 cm du centre. Épinglez quatre autres triangles rouges par-dessus et entre ceux-ci, en alignant les pointes avec celles des précédents triangles rouges, et en faisant coïncider le centre avec les lignes-repères diagonales. Cousez les pointes comme dans l'étape 4. Faufilez les bords extérieurs en prenant toutes les épaisseurs et retirez les épingles.

6 Confectionnez huit triangles dans la troisième couleur (bleu), comme dans l'étape 3, et disposez-les par-dessus les rouges, dans la même position mais en plaçant les pointes à 2 cm du centre. Pour les quatre premiers triangles bleus, les centres doivent coïncider avec les lignes-repères diagonales ; pour les quatre triangles supérieurs, les centres doivent coïncider avec les lignes verticales et horizontales. Cousez les pointes (voir étape 4) en prenant toutes les épaisseurs. Le motif doit faire à peu près 9 cm de diamètre. Avec un compas, confectionnez trois gabarits circulaires de 9, 7,5 et 6,5 cm de diamètre. Centrez le plus grand sur le devant du motif en étoile puis épinglez-le. Découpez tout autour, en coupant les pointes du dernier rang de triangles. Découpez également une pièce d'entoilage à l'aide du grand gabarit circulaire.

3 Pour le patchwork, coupez quatre rectangles de soie dans la première couleur (vert) de 4 x 6,5 cm. Posez un des rectangles côté envers dessus et repliez 5 mm le long d'un bord long ; repassez. Pliez le rectangle en deux dans la largeur et repassez-le pour marquer le centre ; rouvrez-le. Repliez à présent les deux coins supérieurs (bord plié) jusqu'au centre du bord non plié et repassez. Cousez les bords pliés à la main et effectuez deux points arrière dans toutes les épaisseurs, à 3 mm de la base du triangle. Procédez de même avec les trois autres rectangles.

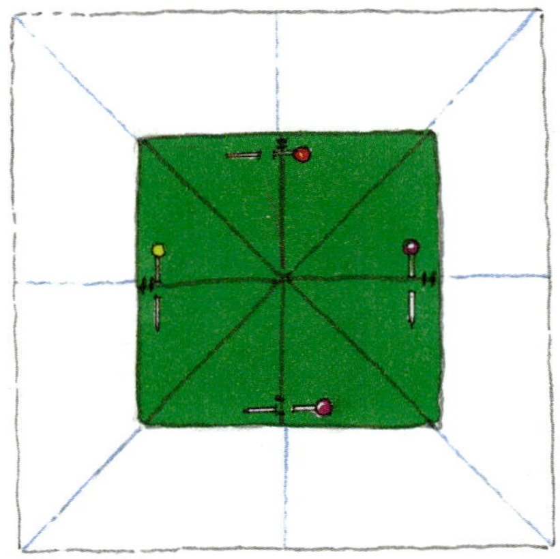

4 Sur un carré de toile écrue de 10 cm de côté, marquez le point central puis le milieu de chaque côté. Avec un crayon, tracez des lignes d'un point à l'autre et d'un coin à l'autre, toutes passant par le centre, en guise de repère. Épinglez les quatre triangles verts sur la toile, bords pliés dessus, dans l'alignement des lignes-repères, les pointes se rejoignant au centre. Cousez les pointes sur la toile en piquant l'aiguille verticalement. Faufilez les bords extérieurs sur la toile, puis retirez les épingles.

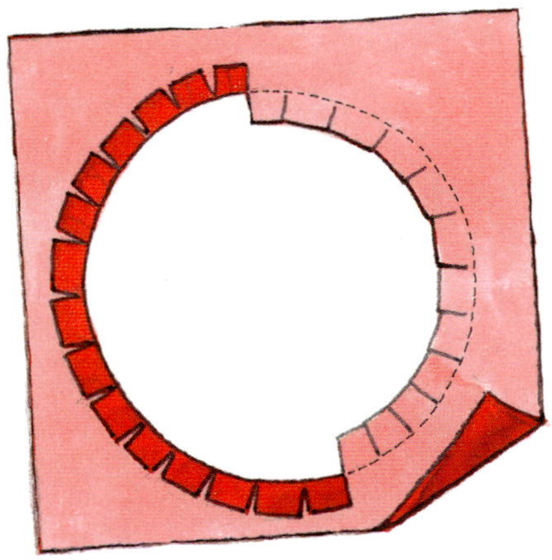

7 Pour le cadre rouge du motif, coupez un carré de soie rouge de 13 cm de côté. À l'aide d'un feutre et des deux autres gabarits, tracez deux cercles au centre du carré rouge, sur l'envers. Piquez le long du grand cercle et découpez le petit cercle. Crantez la réserve de ce « hublot » presque jusqu'à la couture, puis rabattez la réserve sur l'envers, en suivant la couture. Repassez, épinglez et faufilez à la main.

8 Centrez le cercle en soie sur le motif en étoile et cousez le bord intérieur au point d'ourlet, sur le motif. Coupez le carré en cercle d'1,5 cm plus long que le bord extérieur du médaillon. Rabattez le tissu sur le dos du motif et cousez-le à la main. En suivant les instructions du fabricant, repassez le cercle d'entoilage sur le dos du médaillon. Cousez le médaillon sur le rabat de la pochette.

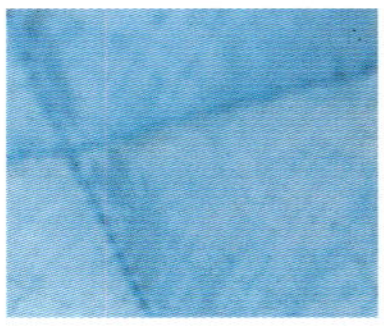

Trousse à maquillage

Glissée dans un sac à main ou exhibée lors d'une soirée chic, cette trousse en deux coloris de soie se confectionne en un clin d'œil. Les bandes alternées du devant et du dos créent un audacieux motif de grosses rayures, subtilement agrémenté d'un matelassage en diagonale dans un ton assorti à l'un des tissus. Une fermeture éclair scelle joliment le tout, tandis que des paillettes et un gland ajoutent une touche d'extravagance.

Dimensions : 29,5 cm de largeur, 12 cm de hauteur.

Fournitures :

- ◆ 20 cm (de chaque) de soie sauvage, en deux couleurs contrastantes (ici, turquoise et doré)
- ◆ Cutter rotatif, règle acrylique et plaque de découpe
- ◆ Fil à coudre assorti
- ◆ Un carré de 33 cm (chaque) d'entoilage thermocollant et de molleton synthétique léger
- ◆ Papier pour le gabarit
- ◆ Feutre effaçable
- ◆ Fil à coudre assorti et fil à matelasser dans une couleur plus soutenue que la couleur principale
- ◆ Douze paillettes, douze petites perles et un gland
- ◆ Une fermeture éclair de 23 cm assortie
- ◆ 20 cm de tissu floral, pour la doublure

Paillettes et gland doré offrent une finition parfaite à cette élégante trousse rayée.

1 Coupez huit bandes de soie dans la première couleur et six dans la deuxième, chacune de 5,5 x 15 cm. Servez-vous éventuellement d'un cutter rotatif, d'une règle acrylique et d'une plaque de découpe pour couper deux épaisseurs de tissu à la fois.

2 Bord à bord et endroit contre endroit, épinglez le bord long de deux bandes de couleur différente. Piquez à 5 mm du bord. Assemblez cinq autres bandes de la même manière, en alternant les couleurs, pour obtenir un rectangle de sept rayures qui constituera le devant. Procédez de même pour le dos, avec le reste des bandes. Ouvrez les coutures au fer.

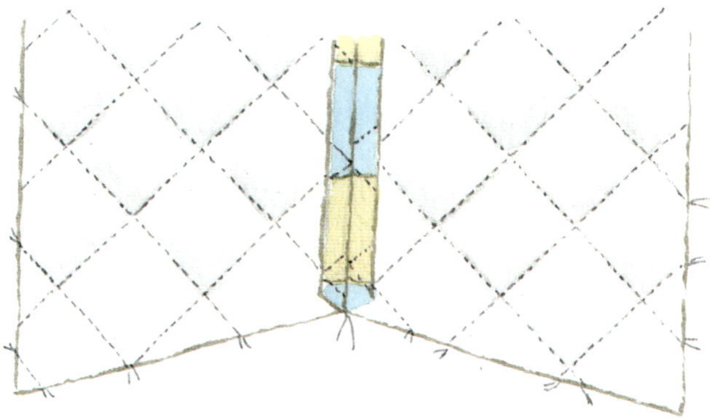

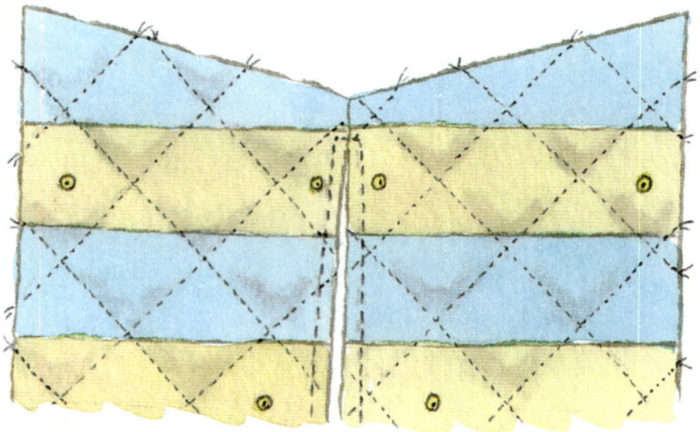

5 Bord à bord et endroit contre endroit, épinglez le devant et le dos le long du bord supérieur, en faisant coïncider les rayures. Faufilez à la machine à 1,5 cm du bord. Ouvrez la couture au fer puis posez le travail à plat, coté envers dessus.

6 Épinglez la fermeture éclair fermée sur la réserve, face dessous, en la centrant entre les extrémités de la couture, les dents contre la piqûre. Faufilez la fermeture à la main. Retirez les épingles et retournez le sac. À l'aide du pied ganseur de votre machine (de l'autre côté de l'aiguille par rapport à la fermeture éclair), surpiquez les deux côtés de la fermeture et en travers des extrémités, juste au-delà des arrêts. Retirez le faufil et ouvrez la fermeture.

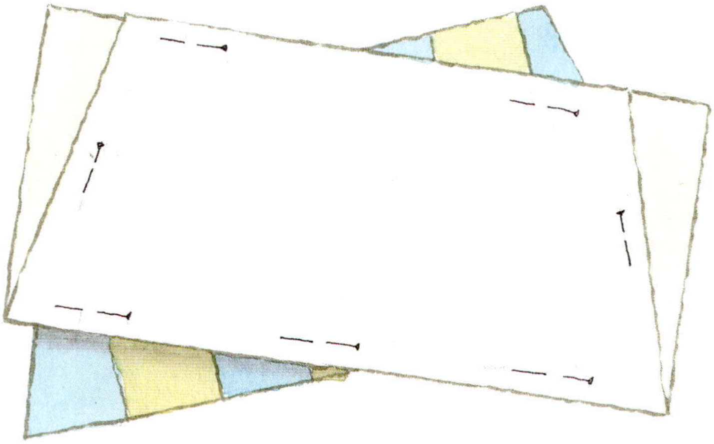

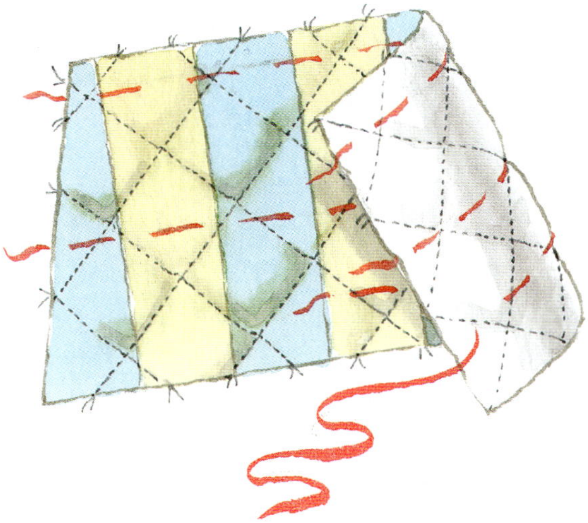

3 Coupez deux pièces d'entoilage de mêmes dimensions que le devant et le dos (environ 15 x 32,5 cm). En suivant les instructions du fabricant, repassez-les sur l'envers du devant et du dos, en veillant à ce que les réserves soient bien à plat. Agrandissez et décalquez sur papier le modèle de la page 126, puis découpez le gabarit. Épinglez le gabarit sur le devant et coupez tout autour ; faites de même pour le dos, en vous assurant que les rayures coïncident parfaitement. Toujours avec ce gabarit, coupez deux pièces de doublure et deux de molleton.

4 À l'aide d'un feutre, tracez sur l'endroit du devant et du dos un quadrillage de lignes diagonales espacées de 4 cm. Épinglez le molleton sur l'envers du devant et du dos. À l'aide d'un fil contrastant, faufilez les deux épaisseurs de haut en bas, de bord à bord et dans la diagonale. Retirez les épingles et, avec le fil de couleur soutenue, piquez le long des lignes tracées pour matelasser. Retirez le faufil. Cousez six paillettes ornées de perles sur le devant, et six autres sur le dos.

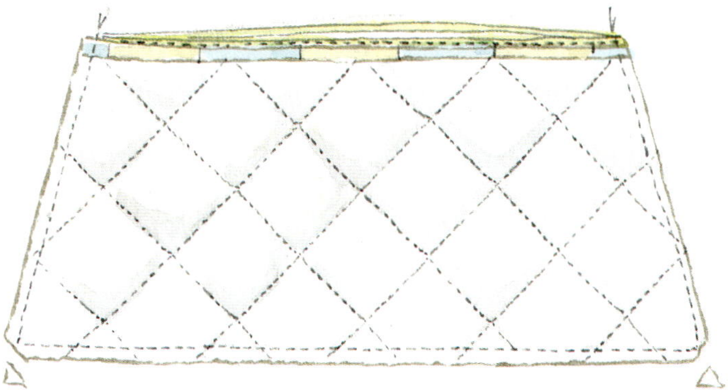

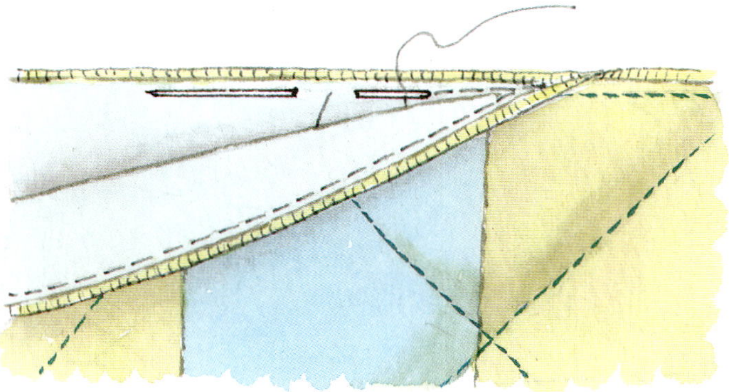

7 Bord à bord et endroit contre endroit, épinglez le devant et le dos le long des autres bords. Piquez à 1,5 cm du bord, à partir d'une extrémité de la fermeture éclair jusqu'à l'autre, en pivotant aux angles. Coupez les coins de la réserve et taillez le molleton qui dépasse. Ouvrez la couture au fer puis retournez la trousse sur l'endroit.

8 Confectionnez la doublure de la même manière, mais sans fermeture éclair, en laissant à la place une ouverture de 5 mm plus longue que la fermeture éclair ; rentrez les réserves de l'ouverture au fer. Insérez la doublure, côté envers à l'extérieur, à l'intérieur de la trousse en faisant coïncider les coutures. Cousez les bords rentrés à l'intérieur de l'ouverture, au point arrière. Cousez le gland à la fermeture éclair à l'aide de fil assorti.

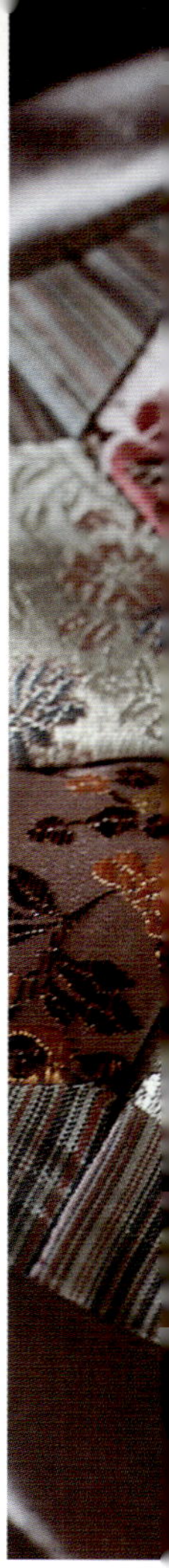

Sacs à sortir

Particulièrement agréables à confectionner, les petits sacs à main de soirée permettent de satisfaire toutes ses envies de luxe et de clinquant. De taille relativement réduite, ils ne requièrent que d'infimes quantités de tissus et de passementeries et offrent donc la possibilité d'opter pour des matériaux onéreux, comme les perles et la soie anciennes. Ils permettent également de s'adonner à des techniques élaborées, tel le matelassage ou le patchwork « cathedral-window », sans que la lassitude ne puisse s'installer. Ce chapitre présente donc des motifs aussi ravissants qu'irrésistibles, confectionnés dans les matières les plus nobles et les coloris les plus étincelants.

Sac étoile à bandoulière

Diverses soies à la chinoise assemblées en un patchwork étoilé forment un sac de soirée éblouissant, à porter sur l'épaule. Choisissez des couleurs assorties à votre tenue préférée ou optez pour des roses et des tons doux faisant joliment ressortir la complexité du motif et la richesse des tissus. Une scintillante frange à perles termine effrontément l'ensemble. Pour une touche de luxe supplémentaire, cousez quelques petites perles de verre sur l'étoile, de manière aléatoire ou à chaque pointe.

Dimensions : 20 cm de largeur, 22,5 cm de hauteur (anse et frange non comprises).

Fournitures :

- Papier pour les gabarits
- Chutes de trois soies à motifs
- 40 cm d'une quatrième soie à motifs
- Cutter rotatif, règle acrylique et plaque de découpe (facultatif)
- Fil à coudre assorti
- 30 cm de frange à perles

Le lustre de la soie pastel rehausse le délicat patchwork de ce petit sac à bandoulière.

1 Décalquez sur papier les modèles de la page 127, puis découpez les gabarits. Dans chacun des deux premiers tissus, coupez trois losanges ; dans le troisième tissu, douze petits triangles ; et dans le quatrième tissu, coupez quatre grands triangles. Servez-vous éventuellement d'un cutter rotatif, d'une règle acrylique et d'une plaque de découpe pour couper deux épaisseurs de tissu à la fois.

2 Bord à bord et endroit contre endroit, épinglez le bord long d'un petit triangle sur le bord d'un losange. Piquez à 5 mm du bord. De même, assemblez un deuxième petit triangle au bord adjacent du losange (de l'autre côté de l'angle le plus aigu). Continuez pour assembler les dix autres petits triangles aux cinq losanges restants. Ouvrez les coutures au fer.

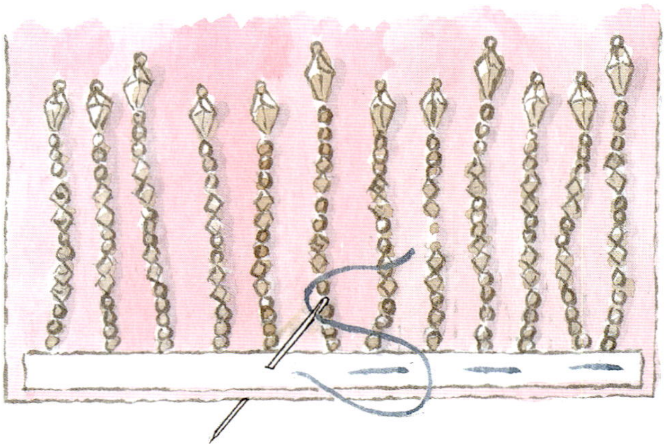

5 Dans le quatrième tissu, coupez quatre carrés de 6 cm de côté, deux bandes de 6 cm de large et de même hauteur que le patchwork (environ 19 cm) et deux bandes de 6 cm de large et de même largeur que le patchwork (environ 16,5 cm). Bord à bord et endroit contre endroit, épinglez les bandes les plus longues aux côtés du patchwork, et piquez à 5 mm du bord. Ouvrez les coutures au fer. De même, assemblez un carré à chaque extrémité des deux bandes courtes ; ouvrez les coutures au fer et assemblez ces deux parties en haut et en bas du patchwork, en faisant coïncider les coutures. Ouvrez les coutures au fer. Ceci forme le devant.

6 Dans le quatrième tissu, coupez trois pièces de mêmes dimensions que le devant (environ 23 x 25,5 cm) pour le dos et la doublure, et une bande de 4,5 x 91 cm pour la bandoulière. Faufilez la frange à perles le long du bord inférieur du dos, sur l'endroit, en plaçant la bande textile à l'intérieur du 1,5 cm de réserve ; les perles doivent s'arrêter à au moins 1,5 cm de chaque extrémité et la bande textile à moins de 1,5 cm de chaque extrémité. Bord à bord et endroit contre endroit, épinglez le devant et le dos sur la base et les côtés. Piquez à 1,5 cm du bord, en pivotant aux angles et en évitant les perles. Coupez les coins inférieurs de la réserve. Ouvrez les coutures au fer. Retournez sur l'endroit et repassez.

3 Bord à bord, endroit contre endroit et coutures alignées, épinglez un losange/triangle à un autre. Piquez à 5 mm du bord. Assemblez les autres de la même manière, jusqu'à ce que le motif soit complet. Ouvrez les coutures au fer.

4 Bord à bord et endroit contre endroit, épinglez le bord long d'un grand triangle aux bords extérieurs de deux petits triangles situés à un coin du patchwork ; piquez à 5 mm du bord. Continuez pour assembler les trois autres grands triangles aux trois autres coins.

7 Pour la bandoulière, pliez la bande longue dans la longueur, endroit contre endroit. Épinglez et piquez à 5 mm du bord, le long du bord long. Fixez une épingle de sûreté à une extrémité, passez-la à l'intérieur du manchon de tissu et faites-la ressortir de l'autre côté pour retourner la bandoulière sur l'endroit. Repassez-la. Bord à bord, épinglez les extrémités sur l'endroit du sac, au niveau des coutures latérales.

8 Bord à bord et endroit contre endroit, épinglez les deux pièces de doublure sur les côtés. Piquez à 1,5 cm du bord et ouvrez les coutures au fer. Enfilez la doublure, côté envers à l'extérieur, par-dessus le sac. En faisant coïncider les bords de coupe supérieurs et les coutures latérales, épinglez le bord supérieur de la doublure au bord supérieur du sac et piquez à 1,5 cm du bord, tout autour. Tirez la doublure afin qu'elle soit sur l'endroit. Repassez les coutures et rentrez un ourlet d'1,5 cm le long du bord inférieur de la doublure. Cousez ces bords au point d'ourlet et insérez la doublure dans le sac. Repassez.

Sac à impression feuilles

Ce ravissant sac du soir se compose d'un patchwork de pièces de soie carrées et rectangulaires au centre duquel un motif de feuille a été imprimé à la main. De petites perles rocaille encadrent chaque feuille, tandis qu'un galon assorti, ornementé de perles de verre, ourle le haut de sac. Le dos de velours et la cordelette coordonnée complètent harmonieusement l'ensemble.

Dimensions : 17,5 cm de largeur, 25,5 cm de hauteur.

Fournitures :

- ◆ 30 cm de soie sauvage dans une couleur pâle (ici, doré)
- ◆ 10 cm de soie sauvage dans une couleur contrastante (ici, vert d'eau)
- ◆ Cutter rotatif, règle acrylique et plaque de découpe (facultatif)
- ◆ Pinceau et peinture noire pour textile
- ◆ Feuille de lierre du jardin
- ◆ Fil à coudre assorti
- ◆ 23 x 30 cm d'entoilage thermocollant
- ◆ Feutre effaçable et petit tambour à matelasser
- ◆ Environ quatre-vingt-quatre petites perles rocaille
- ◆ 23 x 30 cm de velours assorti à une des soies
- ◆ 80 cm de cordelette assortie en 5 mm de large
- ◆ 40 cm de galon orné de perles de verre en 1 cm de large
- ◆ Un bouton-pression

Les motifs sont réalisés à la main, à l'aide d'une feuille de lierre et de peinture pour tissu.

1 Dans la soie pâle, coupez deux carrés de 7 cm de côté, deux carrés de 10 cm de côté et deux rectangles de 7 x 7,5 cm. Dans l'autre soie, coupez un rectangle de 7 x 8,5 cm, un rectangle de 7,5 x 8,5 cm et deux rectangles de 7 x 16 cm. Servez-vous éventuellement d'un cutter rotatif, d'une règle acrylique et d'une plaque de découpe pour couper deux épaisseurs de tissu à la fois.

2 Exercez-vous à imprimer sur des chutes de soie et, quand le résultat vous plaît, imprimez vos feuilles au centre de deux grands carrés de soie pâle. Avec le pinceau, enduisez la feuille d'un peu de peinture noire. Placez la feuille sur le tissu et appuyez fermement dessus, sans la faire glisser, avant de la retirer délicatement. Une fois les impressions sèches, posez un torchon propre dessus et, en suivant les instructions du fabricant, repassez-les pour fixer l'image. Coupez les carrés pour qu'ils aient 8,5 cm de côté, la feuille étant parfaitement centrée.

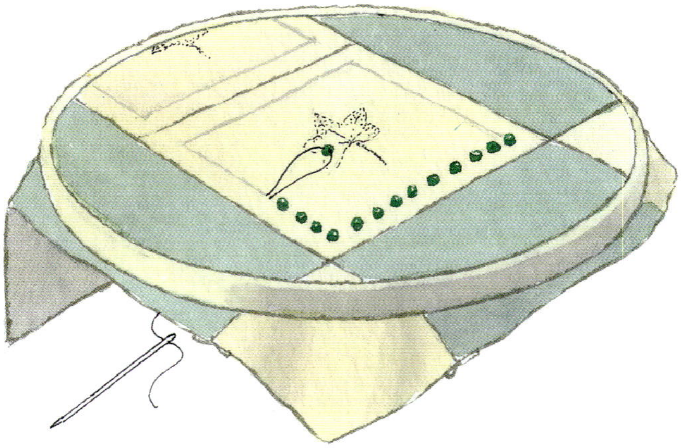

5 Coupez l'entoilage aux dimensions du devant. En suivant les instructions du fabricant, repassez l'entoilage sur l'envers du patchwork (devant et dos), en veillant à ce que les réserves soient bien à plat. À l'aide d'un feutre, tracez un « cadre » carré autour de chaque feuille, à 1 cm du bord. Insérez le patchwork dans un tambour et cousez les perles à la main sur les lignes tracées.

6 Dans le velours, coupez un dos de mêmes dimensions que le devant. Dans la soie pâle, coupez deux pièces de mêmes dimensions que le devant, pour former la doublure. Bord à bord et endroit contre endroit, épinglez le patchwork au velours, puis piquez à 1,5 cm du bord le long de la base et des côtés, en pivotant aux angles. Coupez les coins inférieurs de la réserve et ouvrez les coutures au fer. Confectionnez la doublure de la même manière. Rentrez un ourlet d'1,5 cm sur les bords supérieurs du sac, ainsi que sur ceux de la doublure.

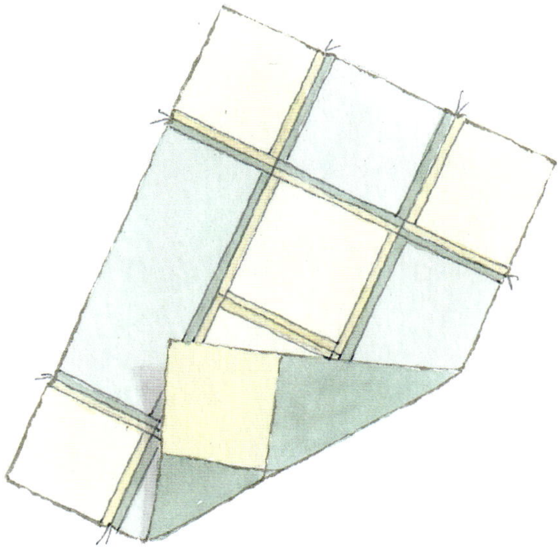

3 Bord à bord et endroit contre endroit, épinglez le bord inférieur d'un carré imprimé au bord supérieur de l'autre. Piquez à 5 mm du bord et ouvrez la couture au fer. De même, assemblez les bords longs des longs rectangles de couleur différente aux côtés des carrés imprimés.

4 De même, assemblez un bord long d'un rectangle pâle au bord court du plus grand rectangle contrastant restant. Assemblez à présent l'autre rectangle pâle à l'autre bord court du rectangle contrastant, sans oublier d'ouvrir les coutures au fer, au fur et à mesure. Piquez cette bande en haut du patchwork, en faisant soigneusement coïncider les coutures. Piquez également les deux petits carrés pâles de chaque côté du petit rectangle contrastant et piquez cette bande en bas du patchwork. Cela forme le devant.

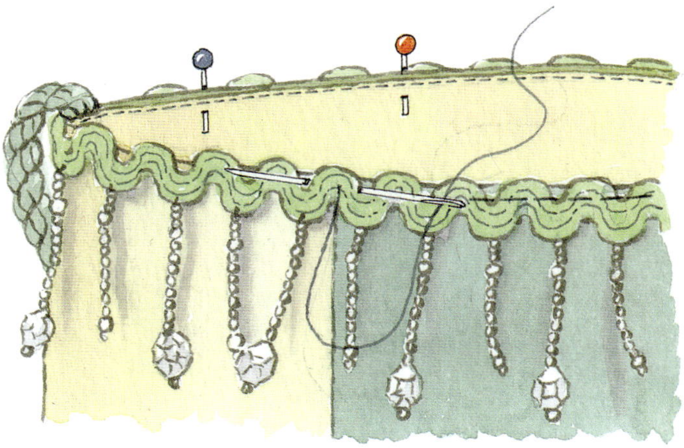

7 Coupez une longueur de cordelette de 76 cm et cousez les extrémités à l'intérieur du sac, contre les coutures latérales. Retournez le sac sur l'endroit. Insérez la doublure, côté envers à l'extérieur, à l'intérieur du sac en faisant coïncider les coutures latérales. Épinglez et piquez le pourtour supérieur de la doublure et du sac.

8 Épinglez puis cousez le galon au point arrière, tout autour du sac. Cousez un bouton-pression au centre du bord supérieur, à l'intérieur du sac (partie femelle sur le devant et partie mâle sur le dos).

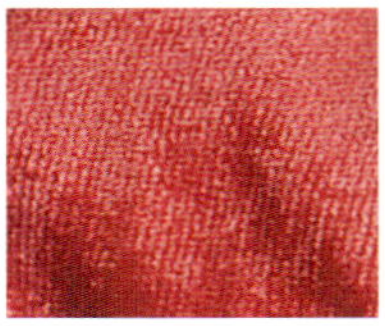

Sac polochon

De forme insolite, ce sac de soirée combine le velours, le taffetas changeant et l'organza pour un effet spectaculaire réservé aux grandes occasions. Sa forme de polochon miniature, dont les bords tubulaires et doublés de soie sont cousus à une base carrée, est idéale pour contenir brosses, mascaras et autres accessoires de maquillage ou de fête. Une cordelette argentée coulissante, à la fois chic et pratique, s'harmonise aux différents galons décoratifs qui ceignent le tout.

Dimensions : 9 cm de largeur, 32 cm de hauteur, 9 cm de profondeur.

Fournitures :

◆ 10 cm de taffetas changeant dans une couleur vive (orange rosé)

◆ 20 cm de velours dans une deuxième couleur (rouge rosé)

◆ 20 cm d'organza dans une troisième couleur (rose vif)

◆ Fil à coudre assorti

◆ 20 cm de galon rose et argent à perles en 4 cm de large

◆ 30 cm de fin galon « petites fleurs» argenté

◆ Fil à coudre argenté

◆ Douze paillettes argentées

◆ 40 cm de soie dans une quatrième couleur (pêche) pour la doublure

◆ Un carré de 9 cm de maille plastique (en vente dans les magasins de loisirs créatifs)

◆ Feutre effaçable et épingle de sûreté

◆ 1,40 m de fine cordelette argentée

Du taffetas, du velours et de l'organza aux tons éclatants s'ornent de touches argentées.

1 Coupez quatre rectangles de taffetas changeant, chacun de 10 x 13 cm. Coupez quatre carrés de velours de 10 cm de côté. Coupez un rectangle d'organza, de 13 x 37 cm.

2 Endroit contre endroit, assemblez les pièces de taffetas en une bande, en piquant à 5 mm des bords. Faites de même avec les carrés de velours, mais laissez 1,5 cm non cousu en bas. Ouvrez les coutures au fer. Bord à bord et endroit contre endroit, épinglez les deux bandes en faisant coïncider les coutures puis piquez à 5 mm du bord. Assemblez ensuite le bord long de la pièce d'organza le long de la bande de taffetas et ouvrez les coutures au fer.

5 Bord à bord et endroit contre endroit, doublure sortie (voir illustration), épinglez les bords longs du travail. Piquez à 5 mm du bord pour créer un long manchon, en laissant 1,5 cm non cousu en bas.

6 Pour la base, coupez un carré de velours de 12 cm de côté. Bord à bord et endroit contre endroit, épinglez la base à 1,5 cm du bord, en laissant le 1,5 cm non cousu de chaque côté s'ouvrir à chaque coin (voir illustration). Si nécessaire, modifiez la taille de la base ou la largeur des coutures pour un ajustement parfait. Piquez en pivotant aux angles. Coupez le coin des réserves et ouvrez les coutures au fer. Coupez un carré de maille plastique de 9 cm de côté (en ajustant la taille si la base a été modifiée) et cousez-le sur l'envers de la base, à l'aide de quelques points effectués sur chaque côté. Retournez le sac sur l'endroit et repassez-le.

3 Épinglez le galon le plus large sur l'endroit du taffetas, le bord inférieur du galon coïncidant avec la couture joignant le taffetas et le velours. Cousez-le à la main à grands points avant et au fil argenté. De même, épinglez et cousez le galon « petites fleurs » sur la couture joignant le taffetas et l'organza. Cousez quatre groupes de trois paillettes argentées sur le taffetas, à intervalles réguliers.

4 Marquez un point à 4 cm du coin supérieur gauche de l'organza. En suivant les instructions du manuel de votre machine à coudre, pratiquez une boutonnière de 2 cm de long, perpendiculaire au bord supérieur et dont le haut se situe au niveau du point. Faites une deuxième boutonnière de même taille et parallèle à la première, à 4 cm à droite de celle-ci. Coupez un rectangle de soie de doublure de 34 x 37 cm. Bord à bord et endroit contre endroit, épinglez un bord long en haut de l'organza, puis piquez à 5 mm du bord. Ouvrez la couture au fer.

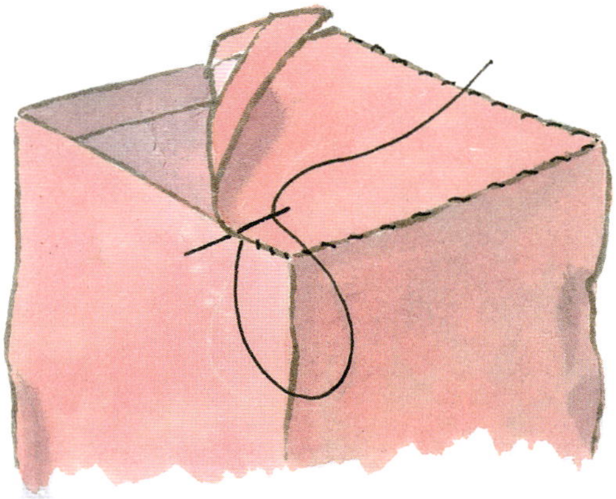

7 Avec le fer, rentrez 1,5 cm le long du bord de coupe restant de la doublure. Avec le feutre, marquez des points coïncidant avec les quatre coins de la base (chacun des points se trouvera au niveau de la couture). Coupez un carré de soie de doublure de 12 cm de côté et rentrez 1,5 cm au fer sur chaque côté. En plaçant la doublure côté endroit à l'extérieur et les points alignés avec les coins du carré, cousez le carré sur la doublure au point d'ourlet. Insérez la doublure dans le sac et repassez.

8 Avec le feutre, tracez une ligne tout autour du sac, à 3 cm du bord supérieur, puis une deuxième ligne 2 cm sous la première (elles doivent enfermer les boutonnières effectuées à l'étape 4). Piquez le long de ces traits, dans les deux épaisseurs, pour former une coulisse. Pliez le cordon en deux et fixez-le à une épingle de sûreté. Insérez l'épingle dans une boutonnière et faites-la passer dans la coulisse pour faire ressortir le cordon par l'autre boutonnière. Retirez l'épingle et nouez les extrémités. Enfin, épinglez et cousez le galon « petites fleurs » en haut, à l'aide de petits points avant et de fil argenté.

Bourse arlequin

Un patchwork d'hexagones offre à cette bourse un style « arlequin ». Composé de soies lumineuses, ce sac de soirée est à la fois irrésistible et simplissime à réaliser. Il se compose de deux cercles de soie contrastants que ferme un cordon coulissant. Le patchwork décoratif cousu à l'extérieur introduit une troisième soie, dont les carreaux pastel rappellent la couleur des deux autres.

Dimensions : 20 cm de largeur, 15 cm de hauteur, 20 cm de profondeur.

Fournitures :

- ◆ Papier et carton pour les gabarits
- ◆ 38 cm de ficelle
- ◆ 1 m d'entoilage thermocollant
- ◆ 60 cm (de chaque) de soie dans deux couleurs (ici, bleu et rose)
- ◆ Feutre effaçable
- ◆ Chute de soie à carreaux
- ◆ Fil à coudre assorti
- ◆ 4,10 m de cordon fin

Les couleurs et le lustre de la soie sont parfaits pour confectionner cette élégante bourse de soirée.

on Saturday
at 4 o'clock
and afterwards at
the Inner Temple Hall

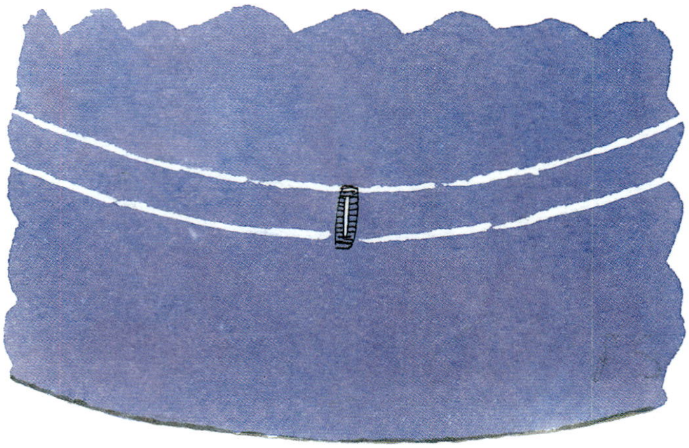

1 Pour faire le gabarit circulaire, coupez un carré de papier de 56 cm de côté et pliez-le en quatre. Nouez l'extrémité de la ficelle à un crayon et maintenez l'autre bout sur le coin plié du carré de papier (qui formera le centre une fois déplié) afin de l'utiliser comme un compas. Ajustez la ficelle de sorte que le crayon atteigne le bord du papier quand elle est tendue, puis dessinez un quart de cercle. Découpez-le et dépliez le papier : vous devez obtenir un cercle de 56 cm diamètre.

2 Utilisez le gabarit pour découper un cercle d'entoilage, de soie bleue et de soie rose. En suivant les instructions du fabricant, repassez l'entoilage sur l'envers du cercle bleu. Avec un feutre, tracez un cercle sur l'endroit du cercle bleu, à 6,5 cm du bord, puis un deuxième cercle espacé de 2 cm, à l'intérieur du premier (cela formera les lignes de piqûre de la coulisse). En suivant les instructions du manuel de votre machine à coudre, confectionnez une boutonnière entre et perpendiculaire aux deux traits, puis une deuxième sur le côté opposé du cercle (ou bien pratiquez une fente et finissez-la au point de boutonnière).

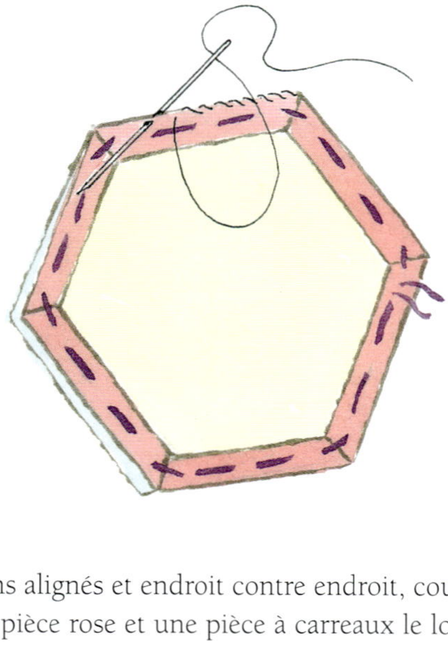

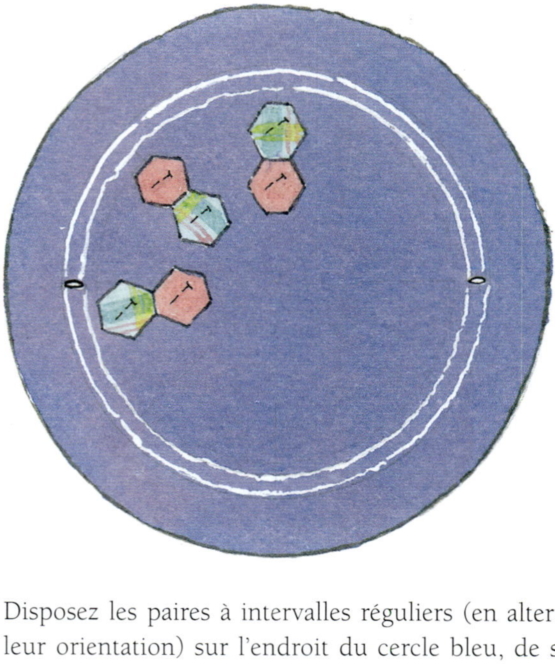

5 Coins alignés et endroit contre endroit, cousez à la main une pièce rose et une pièce à carreaux le long d'un côté, à l'aide de petits points réguliers. Effectuez quelques points arrière à chaque bout. Assemblez les autres pièces de la même manière pour obtenir un total de huit paires d'hexagones.

6 Disposez les paires à intervalles réguliers (en alternant leur orientation) sur l'endroit du cercle bleu, de sorte que le bord de chacune soit à 1 cm de la ligne de coulisse. Épinglez puis cousez à la main. Retirez le faufil.

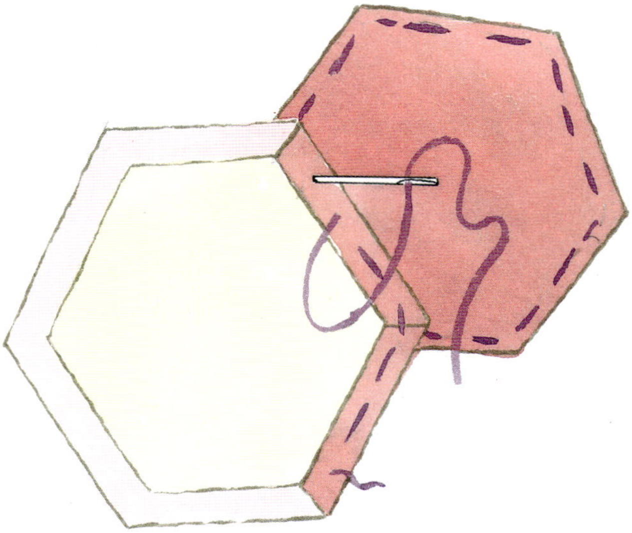

3 Décalquez sur carton les deux modèles d'hexagone de la page 125, puis découpez les gabarits. Utilisez le plus petit d'entre eux pour découper seize hexagones d'entoilage et le plus grand pour découper huit hexagones de soie rose et huit hexagones de soie à carreaux. En suivant les instructions du fabricant, repassez l'entoilage sur l'envers et au centre de chaque hexagone de soie.

4 Sur chaque hexagone, rabattez une réserve sur l'entoilage, en l'ajustant bien. Faufilez les trois épaisseurs, puis coupez le coin de la réserve pour qu'elle coïncide avec le bord de coupe. Rabattez l'autre réserve de la même manière et faufilez en passant par-dessus la jointure. Faites de même sur tous les côtés, puis repassez.

7 Bord à bord et endroit contre endroit, épinglez le cercle rose au cercle bleu, le long du bord. Piquez à 5 mm du bord, en laissant une ouverture. Retournez sur l'endroit puis ouvrez la couture au fer. Rentrez la réserve de l'ouverture au fer et cousez-la au point d'ourlet. Piquez le long des deux lignes de coulisse.

8 Coupez le cordon en deux, fixez une épingle de sûreté à une extrémité et passez-la dans la coulisse par une boutonnière pour la faire ressortir par la même boutonnière. Retirez l'épingle et cousez les deux extrémités du cordon ensemble. Faites glisser ce cordon dans la coulisse pour cacher la couture. Faites de même avec l'autre moitié de cordon, en le faisant rentrer et sortir par l'autre boutonnière.

Sac à bandoulière écossais

Préparez-vous à éblouir les foules avec ce magnifique sac de soirée en taffetas écossais. Le devant et le dos sont constitués d'un patchwork « cathedral-window », dans lequel les carrés sont pliés et repliés, et les bords rabattus sur d'autres carrés avant d'être cousus à la main. Avec ses soies aux coloris chatoyants, ce patchwork rappelle les vitraux des cathédrales. Une fois terminés, le devant et le dos sont cousus ensemble, doublés et ornés d'une cordelette, de paillettes et de perles.

Dimensions : 18 cm de largeur, 18 cm de hauteur.

Fournitures :

- ◆ 40 cm de taffetas écossais
- ◆ Cutter rotatif, règle acrylique et plaque de découpe (facultatif)
- ◆ Fil à coudre assorti
- ◆ Chutes de soie dans deux couleurs unies (ici, bleu et vert)
- ◆ 20 cm de soie dans une troisième couleur unie (ici, rouge)
- ◆ Huit perles et trois grandes paillettes étoile
- ◆ 1,40 m de cordelette

Magnifiquement habillé de taffetas et de soie éclatante, ce sac est petit mais contient beaucoup.

1 Coupez huit carrés de taffetas écossais de 19 cm de côté, dans le droit fil. Dans les trois soies, coupez un total de huit carrés de 6,5 cm de côté. Servez-vous éventuellement d'un cutter rotatif, d'une règle acrylique et d'une plaque de découpe pour couper deux épaisseurs de tissu à la fois. Sur le premier carré de taffetas, côté envers dessus, rentrez 5 mm sur l'envers des quatre côtés. Pliez le carré en deux dans les deux sens pour trouver le point central ; repassez puis dépliez. Rabattez chaque coin sur le point central et repassez.

2 Rabattez chaque coin du carré, plié sur le centre, pour former un carré de 9 cm de côté. Repassez et épinglez. Cousez les quatre pointes centrales ensemble (en piquant l'aiguille verticalement). Procédez de même avec les autres carrés écossais.

5 Répétez les étapes 3 et 4 pour deux autres carrés écossais et un autre carré de soie. Bord à bord et côté plié contre côté plié, épinglez la première paire de carrés écossais à la deuxième, le long d'un bord long. Cousez-les à la main, puis ouvrez et repassez. Épinglez deux autres carrés de soie en losange sur la couture joignant deux carrés écossais, de sorte que les quatre losanges de soie forment un grand motif en losange. Terminez les bords comme dans l'étape 4. Ceci formera le devant. Répétez les étapes 3, 4 et 5 pour former le dos.

6 Cousez une perle au centre de chacun des carrés écossais du devant et un groupe de trois paillettes étoile au centre des losanges unis. Faites de même sur le dos. Bord à bord et envers contre envers, épinglez le devant et le dos. Cousez la base et les côtés à la main à petits points réguliers.

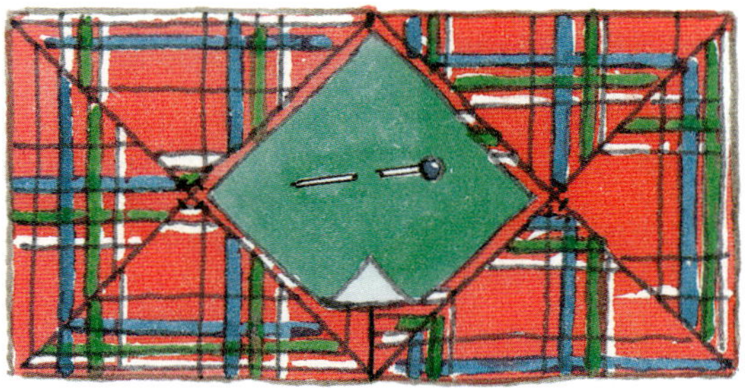

3 Superposez deux carrés écossais bord à bord et côté plié contre côté plié. Cousez-les à la main le long d'un bord, puis ouvrez et repassez. Épinglez un des carrés de soie, en losange, par-dessus la couture joignant les deux carrés (voir illustration).

4 Rabattez le bord plié d'un des carrés écossais par-dessus le bord de coupe du carré de soie. Faites en sorte que le bord rabattu forme un arrondi régulier, s'affinant à chaque extrémité. Cousez-le au point d'ourlet (il doit être invisible) en prenant toutes les épaisseurs et en effectuant deux points arrière à chaque extrémité. Faites de même pour les trois autres côtés.

7 Pour la doublure, coupez deux carrés de soie rouge de 19 cm de côté. Bord à bord et endroit contre endroit, épinglez-les le long de la base et des côtés. Piquez à 5 mm du bord, en pivotant aux angles inférieurs. Coupez les coins de la réserve inférieure. Ouvrez la couture au fer et rentrez 5 mm tout autour du bord supérieur. Insérez la doublure, côté envers à l'extérieur, à l'intérieur du sac et cousez-la au point d'ourlet le long du bord supérieur.

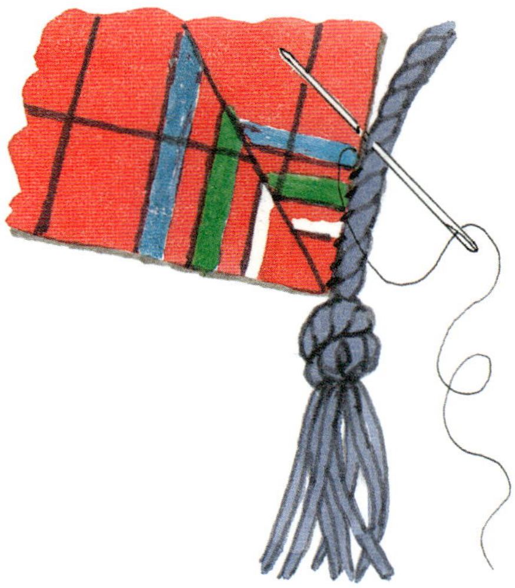

8 Nouez les deux extrémités de la cordelette à 4 cm de chaque bout. Effilochez-la sous les nœuds pour former des glands. Cousez la cordelette à la main le long des côtés du sac, en plaçant les nœuds contre les coins inférieurs et l'excédent de cordelette en haut du sac pour former une bandoulière.

techniques

Le patchwork et le matelassage se prêtent à tous les types de sac, des pochettes raffinées aux cabas de tous les jours. Ils peuvent se composer de motifs plus ou moins complexes, selon le niveau de chacun. L'assimilation des techniques de base suivantes vous permettra de réaliser tous les projets de cet ouvrage et de concevoir vous-même vos propres sacs.

Matériel de base

À l'exception d'une machine à coudre, le patchwork nécessite peu de matériel. Outre les fournitures énumérées pour chaque réalisation, vous devez posséder :

◆ des épingles à tête (longues et fines, de préférence)
◆ des ciseaux (de grande taille pour couper le tissu, petits et pointus pour cranter les réserves et couper les fils, et des ciseaux à papier pour découper les gabarits)
◆ un crayon (normal ou de couturière)
◆ une règle
◆ un fer à repasser

Matériel spécialisé

Les articles facultatifs ou utilisés plus rarement sont indiqués dans la liste des fournitures pour chaque réalisation :

◆ un feutre effaçable (l'encre disparaît au bout de 24 heures environ)
◆ une équerre pour tracer des angles bien droits
◆ un tambour à broder ou à matelasser, consistant en deux cerceaux imbriqués conçus pour maintenir le tissu bien tendu
◆ une plaque de découpe (à utiliser avec un cutter rotatif) quadrillée et faite dans un matériau autorégénérant
◆ un cutter rotatif, qui permet de couper très précisément plusieurs épaisseurs de tissu à la fois
◆ une règle acrylique de 15 x 60 cm

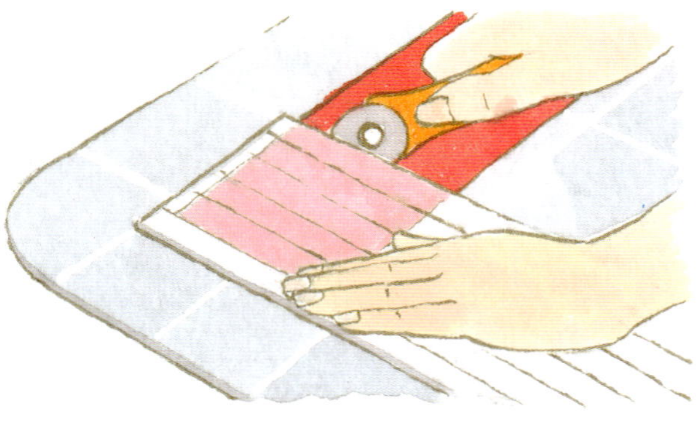

Pour utiliser le cutter rotatif, placez le tissu sur la plaque de découpe et posez la règle sur les épaisseurs de tissu, de sorte que le bord droit soit aligné avec la ligne de coupe. Ôtez la sécurité du cutter. En appuyant fortement la main gauche sur la règle et le tissu, loin du bord, et en tenant le cutter de la main droite tout contre la règle, à 45° par rapport à la plaque de découpe, faites glisser le cutter de haut en bas (si vous êtes gaucher, inversez les instructions). Une fois la découpe réalisée, remettez immédiatement la sécurité du cutter.

Tissus

Le patchwork permet d'utiliser toutes sortes de chutes, dénichées au fond des armoires ou trouvées dans les magasins de tissus. Les vieux vêtements font également l'affaire, à condition de choisir des parties pas trop usées. Évitez de juxtaposer des tissus neufs et anciens, ces derniers pouvant être fragilisés par les premiers.

On peut aussi acheter du tissu, sachant que les quantités sont généralement réduites. Le tissu vendu au mètre fait généralement au moins 107 cm de largeur, ce qui explique pourquoi la largeur n'est jamais donnée dans la liste des fournitures. S'il en faut moins de 10 cm, il s'agit alors de chutes.

Certains magasins de tissus et fournisseurs par correspondance vendent des lots de pièces pour patchwork (de 45 x 56 cm) ou des petits carrés de tissu prêts à l'emploi. Les quantités sont raisonnables, le prix peu élevé et les coloris et imprimés souvent mieux assortis que ce que vous pouvez faire vous-même.

Conseils

Lorsqu'un sac se compose de plusieurs tissus, choisissez-les de même poids et de même épaisseur. Les meilleurs tissus sont tissés serré, qui ne s'étirent ni ne s'effilochent.

◆ Le coton est le plus adapté. Pour un cabas solide, envisagez de la toile, du denim, du canevas de coton ou du velours côtelé.
◆ On peut aussi utiliser de la laine tissée serré. Dense et douce au toucher, la laine feutrée (traitée de façon à réduire et feutrer les fibres) se prête particulièrement à la confection de sacs, car elle ne s'effiloche pas. Les fibres synthétiques, comme

le polyester, sont peu recommandées, car elles ne marquent pas les plis et sont donc difficiles à manier.

◆ La soie donne des résultats fabuleux, mais elle est difficile à travailler et n'est pas aussi résistante que le coton. Couvrez le plan de travail d'un vieux drap pour éviter que la soie ne glisse quand vous la coupez. N'utilisez que des épingles très fines, et piquez-les uniquement dans les réserves. Pour éviter que la soie ne glisse quand vous la cousez, placez un mouchoir en papier entre les deux épaisseurs, puis retirez-le après. Repassez la soie au fer très doux.

◆ Le velours est également très esthétique, mais nécessite une certaine préparation. Quand vous le découpez, assurez-vous que toutes les pièces sont dans le même sens. Le velours lisse à poils coupés, doux au toucher quand on l'effleure de bas en haut, donnera le meilleur effet. Ne coupez qu'une épaisseur à la fois. Faufilez les coutures avant de les piquer afin d'éviter que le tissu ne glisse, ou bien insérez un mouchoir en papier entre les deux épaisseurs, puis retirez-le une fois la couture achevée. Les machines à coudre sont parfois dotées d'un accessoire qui empêche le tissu de glisser. Repassez toujours le velours sur l'envers, en recouvrant la planche d'une serviette.

Entoilage et molleton

La plupart des sacs, à l'exception de ceux laissés volontairement très souples, sont entoilés pour plus de rigidité.

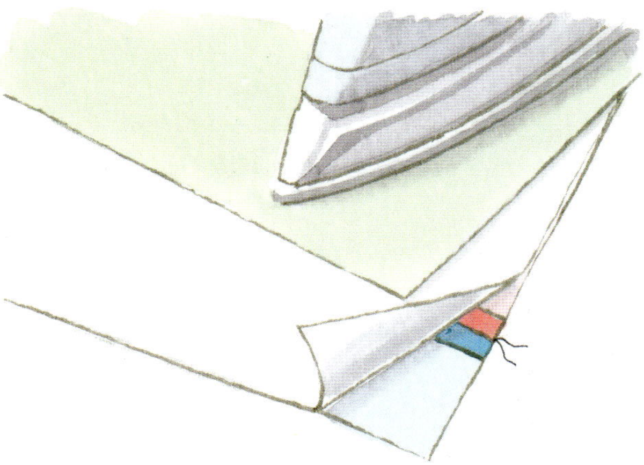

L'entoilage thermocollant est le plus simple à utiliser. Choisissez-en un épais. pour que le sac ne s'affaisse pas. Coupez-le aux dimensions du devant et du dos. Posez-le, côté adhésif contre l'envers du tissu (veillez à ce que les réserves du patchwork soient bien à plat). Repassez-le à la vapeur, avec une pattemouille pour protéger la semelle et augmenter la vapeur. Suivez les instructions du fabricant, chaque produit étant différent.

Un autre type d'entoilage, plus rigide, est la maille plastique pour artiste, que l'on trouve dans les magasins de loisirs créatifs. Elle sert à consolider la base d'un sac ample, ou la zone entourant une anse découpée, comme celle de la page 53.

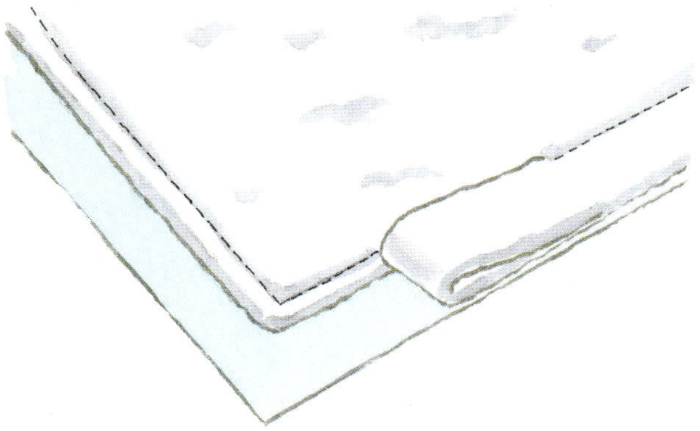

Certaines réalisations de l'ouvrage sont doublées de molleton puis matelassées. Le molleton synthétique est préférable à celui en coton, ce dernier étant non lavable et plus délicat à matelasser. Coupez le molleton aux dimensions du devant et du dos puis, une fois les coutures achevées, coupez les parties qui dépassent à l'intérieur des réserves, afin que les coutures soient bien à plat.

Anses et passementeries

Certains des ouvrages incorporent des bandoulières en tissu ou en corde. D'autres utilisent des anses achetées dans le commerce. Disponibles dans les magasins de tissu ou de loisirs créatifs, elles existent dans diverses couleurs et matières. Elles sont dotées de passants ou de rubans qu'il suffit de coudre en haut du sac (voir instructions sur les anses et les passants page 119).

La passementerie sert à ajouter une jolie finition et se décline sous forme de boutons, paillettes, perles, rubans, croquets, galons, franges ou glands, selon les goûts et les créations. Certaines de ces garnitures sont tellement belles et originales qu'elles peuvent constituer le thème d'un sac. Dans la mesure du possible, cousez la passementerie sur le devant ou le dos avant d'insérer la doublure.

Choix des tissus

◆ Choisissez des tissus présentant quelque chose en commun, comme la couleur, mais dont les motifs contrastent sur d'autres aspects, tels que :

◆ l'échelle (malgré leur petite taille, les sacs peuvent incorporer de gros motifs sur le dos ou la doublure ou des motifs soigneusement découpés et placés) ;

◆ la densité (entre des motifs espacés et des motifs resserrés) ;

◆ la disposition (aléatoire ou répétitive) ;

◆ la composition (contraste entre des rayures, des carreaux ou des fleurs). Les rayures ajoutent de la vitalité et reposent l'œil par rapport aux imprimés sophistiqués.

Conception du patchwork

Une fois les tissus sélectionnés, déterminez leur agencement avant de découper et coudre les pièces. Le patchwork peut inclure un motif central ou se présenter sous forme de pièces disposées en bandes assemblées.

Dans la plupart des motifs de patchwork, il faut viser la répartition équitable des couleurs, des tons (clairs ou foncés) et des imprimés pour donner une impression d'équilibre. Dans la mesure du possible, évitez de juxtaposer deux pièces identiques.

Quand vous découpez les pièces, essayez de suivre le même sens du fil, si possible le droit fil. L'aspect général n'en sera que plus plaisant et l'ouvrage aura moins tendance à se détendre, notamment s'il est composé de grandes pièces.

Assemblage du patchwork

Un patchwork se réalise en assemblant des pièces de plus en plus grandes. La méthode la plus utilisée dans cet ouvrage consiste à épingler les pièces bord à bord et endroit contre endroit, puis à les piquer à 5 mm du bord. Utilisez un point moyen (environ 12 points pour 2,5 cm), en retirant les épingles au fur et à mesure (éventuellement, faufilez les coutures et retirez les épingles avant de piquer à la machine).

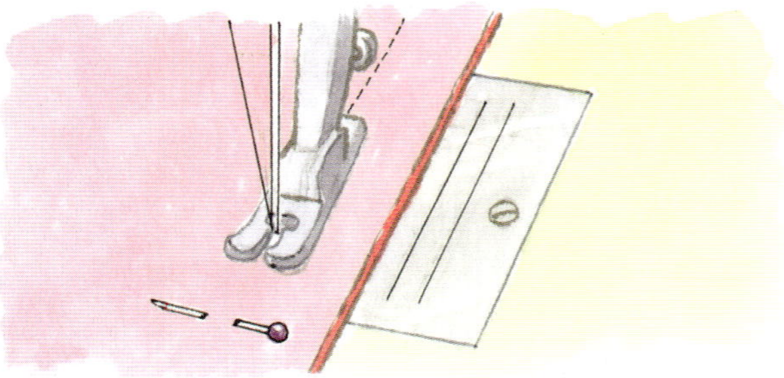

Dans l'assemblage, les réserves sont de 5 mm, c'est à dire qu'il faut piquer exactement à 5 mm des bords de coupe. Servez-vous du guide de couture de votre machine, à défaut, utilisez un guide magnétique, un pied pour patchwork ou un ruban en guise de repère. Cousez aussi droit que possible. Repassez les coutures avant de piquer à nouveau par-dessus.

Un moyen rapide d'assembler les pièces consiste à les coudre en chaîne (voir illustration), puis à les séparer ultérieurement.

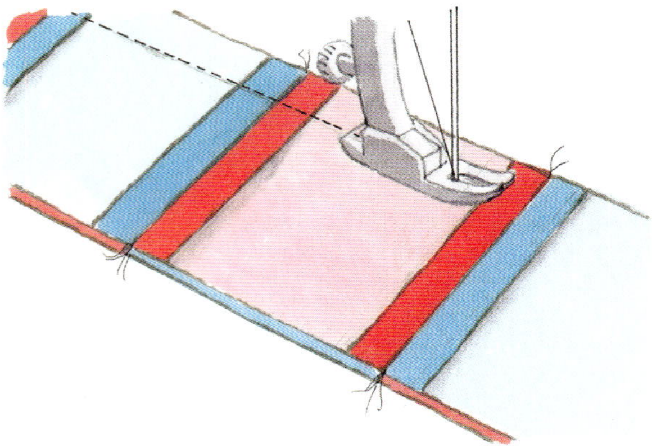

Les pièces sont souvent assemblées en bandes, elles-mêmes cousues ensemble. Si les pièces sont toutes de même taille, il est important de faire coïncider les coutures (si celles-ci ne sont pas alignées, repiquez-les et décousez les anciennes). Assurez-vous que les réserves sont bien à plat avant de procéder à une nouvelle couture par-dessus celles-ci.

Dans les réalisations de cet ouvrage, les coutures sont ouvertes au fer, mais pour plus de solidité, elles peuvent être repassées sur un côté (le côté le plus foncé, si possible). Dans le cas des tissus épais, alternez le côté de repassage.

Rapide, l'assemblage par bandes (« strip-piecing ») consiste à piquer des bandes de tissu plutôt que des pièces individuelles, puis à les couper perpendiculairement aux coutures pour obtenir de nouvelles bandes de plusieurs pièces. Piquez ensuite ces bandes ensemble, en variant leur orientation pour diversifier le motif. Cette méthode est particulièrement utile lorsque l'on veut assembler un grand nombre de petites pièces.

Les patchworks incluant des formes complexes comme les pentagones, les hexagones et les octogones doivent être assemblés à la main, généralement sur des patrons en papier que l'on retire une fois les pièces cousues. Beaucoup plus long à réaliser qu'à la machine, ce type de patchwork convient surtout pour les petits ouvrages. Le procédé est expliqué pages 82-83.

Peintures pour textile

En vente dans tous les magasins de bricolage, les peintures pour textile constituent une façon très rapide de décorer un sac. Utilisez une matière naturelle, comme le coton ou la soie, et veillez à faire un essai sur une chute au préalable. On peut peindre le motif à main levée, à l'aide d'un pinceau ou l'appliquer avec un tampon imbibé de peinture. Mieux vaut le faire avant de coudre le sac, tant que le tissu peut être étendu bien à plat. Pour fixer la peinture, placez un linge de coton sur le motif et repassez-le en suivant les instructions du fabricant.

Matelassage

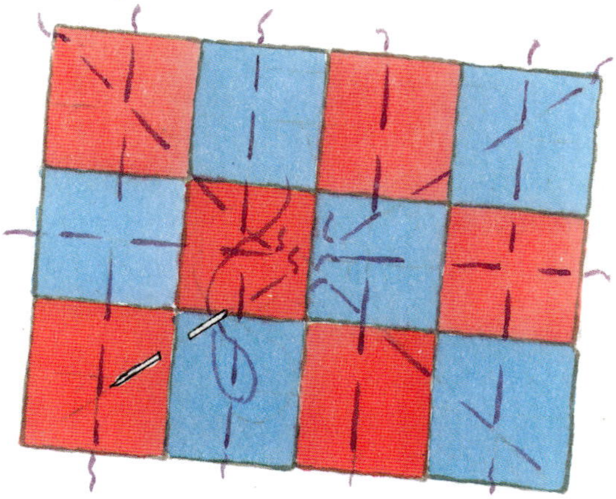

Le matelassage est le partenaire traditionnel du patchwork. Faufilez le molleton sur l'envers du patchwork, à l'aide de grands points avant (voir ci-dessus). (Pour les quilts, on met généralement une toile de fond derrière le molleton, ce qui n'est pas nécessaire ici, les sacs étant doublés.) Commencez au centre et travaillez vers l'extérieur, vers le haut et le bas, vers chaque côté et chaque coin.

Pour matelasser à la main, placez le tissu par-dessus le petit cerceau d'un tambour à matelasser et insérez le grand cerceau par-dessus, en ajustant la tension à l'aide de la vis. Cousez à petits points avant le long des lignes du motif.

Pour matelasser à la machine, piquez le long de la ligne du motif en utilisant un point droit de taille moyenne.

Une fois le tissu matelassé, retirez le faufil.

Le matelassage se fait selon l'une des approches suivantes :

◆ Sur la couture (« ditch-quilting » en anglais), c'est-à-dire le long des lignes de couture du patchwork.

◆ À 1 cm environ à l'intérieur des lignes de couture de chaque pièce.

◆ En suivant un motif général – losanges ou enjolivures – dessiné sur l'endroit du tissu au feutre effaçable.

◆ En suivant une série de motifs, tels que des étoiles ou des fleurs.

Broderie

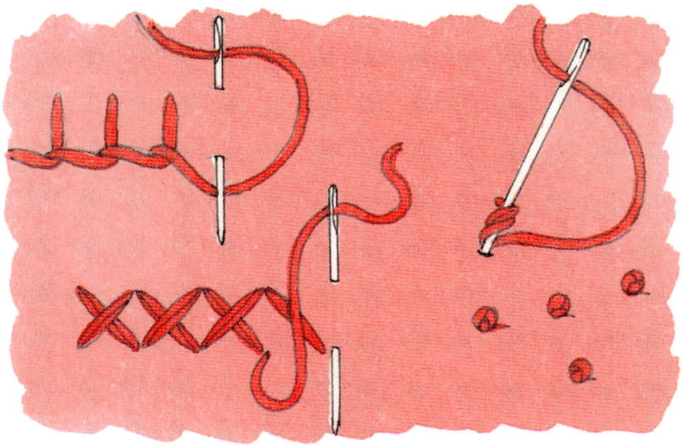

La broderie est un autre moyen de personnaliser un sac. Dans les réalisations de cet ouvrage, elle s'effectue avant la doublure. Les principaux points (ci-dessus, dans le sens des aiguilles d'une montre à partir du coin supérieur gauche) sont le point de feston, le point de nœud et le point de croix.

Servez-vous de fil à broder torsadé (en séparant éventuellement les brins pour n'en utiliser que deux ou trois), de coton à broder, de coton perlé, de fil mat ou métallique à broder. Un tambour à broder (voir Matériel spécialisé, page 114) facilite grandement la tâche, mais n'est pas indispensable.

Votre longueur de fil ne doit pas dépasser 50 cm ; terminez en insérant le bout sous quelques fils au lieu de faire un nœud.

Fabriquer un sac

Il est relativement rapide de fabriquer un sac. Les coutures se font selon le procédé indiqué page 116 (Assemblage), en comptant toutefois une réserve d'1,5 cm, pour plus de solidité. Cependant, si cela affecte la symétrie du patchwork, piquez à 5 mm du bord, comme pour les pièces du patchwork. Pour renforcer les coutures, notamment à la base, faites une deuxième piqûre parallèle à la première, dans la réserve.

Dans les arrondis, procédez lentement et soigneusement, à petits points. Gardez les réserves bien régulières, en évitant tout changement brutal de direction. Pour aplanir les coutures arrondies, crantez la réserve à intervalles réguliers (en vous arrêtant juste avant la piqûre). Plus l'arrondi est prononcé, plus vous devez cranter. Dans les arrondis convexes, pratiquez une simple fente ; dans les arrondis concaves, faites des encoches triangulaires.

Si le sac est plat (sans profondeur), il suffit de coudre le devant et le dos ensemble, le long de la base et des côtés, en une couture continue. Aux angles inférieurs, arrêtez de piquer quand vous atteignez le niveau de la réserve inférieure. En laissant l'aiguille piquée dans le tissu, soulevez le pied-de-biche et faites pivoter le tissu à angle droit. Rabaissez le pied-de-biche et continuez à piquer. Coupez les coins de la réserve et retournez le sac sur l'endroit en faisant délicatement sortir les coins.

Si le sac a une base et des côtés séparés, les côtés doivent être cousus au devant et au dos, puis la base cousue le long des bords inférieurs du devant, du dos et des côtés. Chacune des quatre coutures latérales doit rester ouverte en bas, sur une longueur égale à celle de la réserve, afin qu'elle puisse s'ouvrir en coin.

Boutons-pression

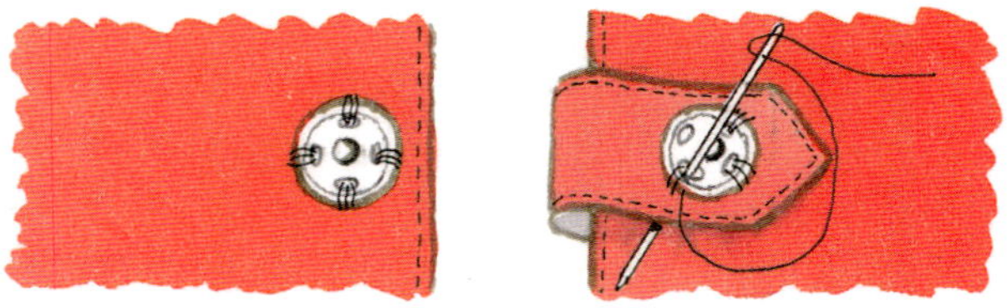

Les sacs de cet ouvrage restent ouverts, toutefois, quelques-uns utilisent des boutons-pression. Ceux-ci consistent en une partie mâle que l'on coud sur le dessous d'un rabat et d'une partie femelle que l'on coud sur le dessus du tissu.

Fermetures éclair

Une fermeture à glissière est un moyen efficace de fermer un sac, mais reste plus visible qu'un bouton-pression. Elle se pose à un stade précoce, quand il est encore possible d'ouvrir le travail bien à plat. Si possible, la fermeture éclair doit faire 5 cm de moins que l'ouverture, afin de pouvoir être insérée dans une couture. La réserve doit être d'au moins 1,5 cm, voire plus pour davantage de solidité.

1 Sur l'ouverture, marquez des points juste au-delà des deux arrêts de la fermeture éclair. Si possible, piquez des deux côtés de ces points, même si ce n'est que sur quelques centimètres, puis faufilez la couture intermédiaire. Ouvrez-la au fer et placez la fermeture éclair fermée, face dessous, sur l'envers de la couture. Épinglez et faufilez sur les quatre côtés.

2 Installez le pied pour fermeture éclair de votre machine de telle sorte qu'il soit à gauche de l'aiguille. En plaçant la fermeture éclair à droite de l'aiguille, surpiquez (piquez à partir du côté du droit) un côté court, juste à l'extérieur de l'arrêt. Pivotez à l'angle et surpiquez le côté gauche, à 5 mm environ de la couture, jusqu'à l'autre arrêt.

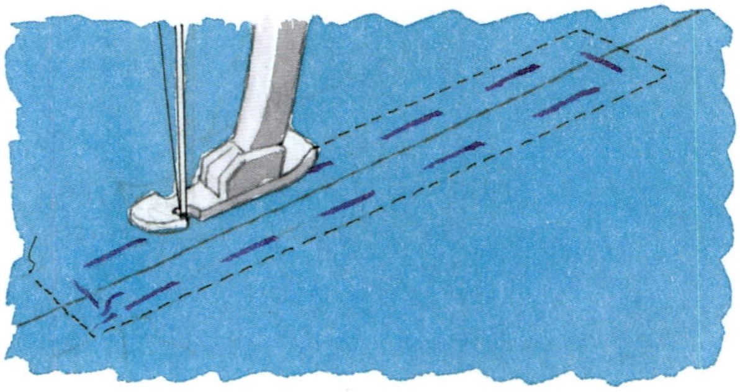

3 Pivotez à nouveau et surpiquez l'autre côté court, juste à l'extérieur de l'arrêt. Pivotez et surpiquez le dernier côté long, à 5 mm de la couture. Faites passer les fils sur l'envers et nouez-les. Retirez le faufil de la fermeture éclair et celui de la couture. Ouvrez la fermeture éclair.

Anses et passants en tissu

Ils se confectionnent de la même manière. Si les extrémités doivent être cachées dans le bord supérieur du sac, vous pouvez les faire en une seule longue bande, puis la couper en plusieurs segments. Sinon, il convient de les faire individuellement, en suivant l'une des indications ci-dessous.

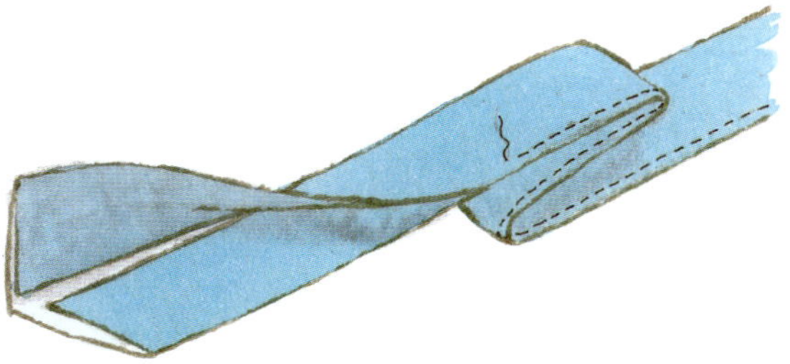

Suivez cette méthode si l'anse ou les passants sont étroits ou s'il vous importe peu de voir la couture. Coupez une bande quatre fois plus large que la largeur voulue et d'une longueur égale à la totalité de l'anse ou des passants, plus 3 cm par passant ou par anse (pour les réserves de couture à chaque extrémité). Pliez les bords longs de sorte qu'ils se rejoignent au centre, envers contre envers. Repassez puis pliez en deux dans la longueur. Surpiquez le bord ouvert. Coupez en segments.

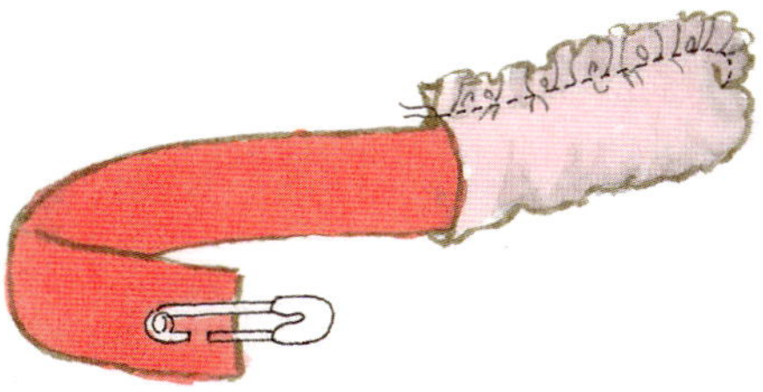

Suivez cette autre méthode si la couture doit être invisible et si l'anse ou les passants sont larges. Coupez une bande deux fois plus large que la largeur désirée, plus 1 cm, et de même longueur que ci-dessus. Pliez-la en deux dans la longueur, endroit contre endroit, piquez le long du bord long à 5 mm du bord. Fixez une épingle de sûreté à une extrémité et passez-la dans le manchon de tissu pour la faire ressortir par l'autre extrémité. Retirez l'épingle et repassez. Coupez en segments.

◆ Si les extrémités de l'anse ou des passants sont visibles sur le sac, vous pouvez utiliser l'une ou l'autre méthode, mais au lieu d'une seule longue bande au début, il vous faudra confectionner plusieurs bandes individuelles, chacune de la longueur désirée, plus 1 cm. Dans la première méthode, rentrez 5 mm à chaque bout avant de plier la bande en deux. Dans la deuxième méthode, piquez un côté court à 5 mm du bord après avoir cousu le côté long ; après l'avoir retourné sur l'endroit, rabattez une réserve de 5 mm de l'autre côté et cousez l'ouverture au point d'ourlet.

Doublure

Une doublure sert à doter un sac d'un intérieur bien net et d'un bord supérieur à la finition bien soignée. On peut utiliser le même tissu que le sac, ou le même type de tissu dans une couleur ou un motif contrastant. On peut aussi acheter du tissu matelassé tout prêt.

La doublure se confectionne de la même façon que le sac mais sans assemblage, sans décoration et sans fermeture. On la fixe au bord supérieur du sac, envers contre envers, selon l'une des méthodes ci-dessous. Pour une doublure parfaitement ajustée, faites-la 5 mm plus courte que le sac, mais assemblez-la selon la première méthode (voir ci-dessous). Toutefois, dans les réalisations de cet ouvrage, la doublure est toujours de même taille que le sac.

◆ Dans la plupart des réalisations, les bords de coupe supérieurs du sac et de la doublure sont rentrés sur 1,5 cm avant d'être cousus ensemble à la machine ou à la main. La couture à la machine sera visible, mais pas la couture manuelle au point d'ourlet (voir ci-dessus). (Les anses ou passants sont préalablement insérés dans la couture.)

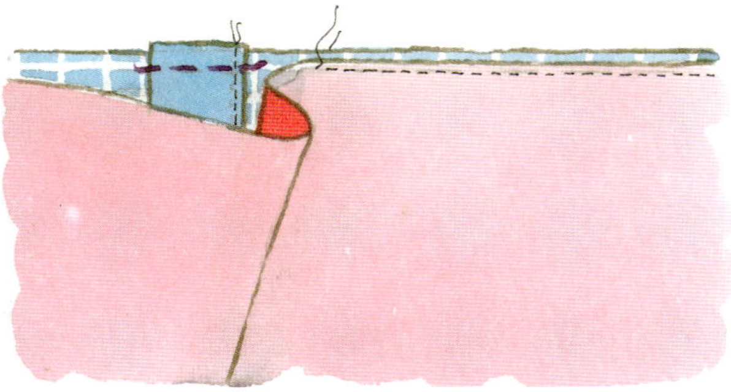

◆ Une autre méthode consiste à laisser la couture inférieure de la doublure non cousue et à assembler les bords supérieurs de la doublure et du sac, bord à bord et endroit contre endroit. Ensuite, tirez la doublure, repassez la couture, rabattez les réserves de l'ouverture au fer et cousez l'ouverture au point d'ourlet avant de remettre la doublure à l'intérieur. (Les anses ou passants sont pris en sandwich dans la couture supérieure, leurs extrémités alignées avec les bords de coupe.)

modèles

Photocopiez ou décalquez le modèle, en l'agrandissant s'il n'est pas à la taille réelle. S'il est réduit au tiers, agrandissez-le trois fois ; s'il est réduit de moitié, agrandissez-le deux fois. Découpez la forme et utilisez-la comme gabarit pour couper le tissu.

Sac à cœurs et damiers (p. 24-27)

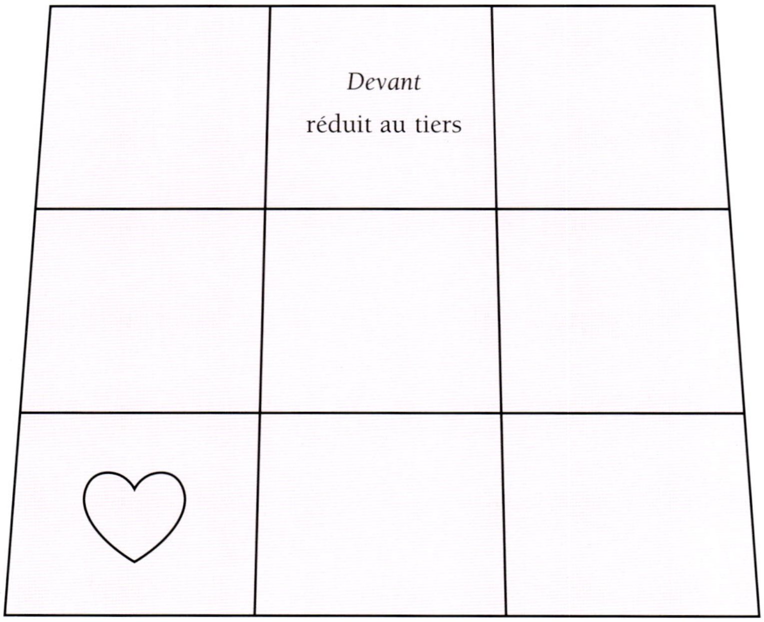

Cabas d'été (p. 38-41)
réduit au tiers

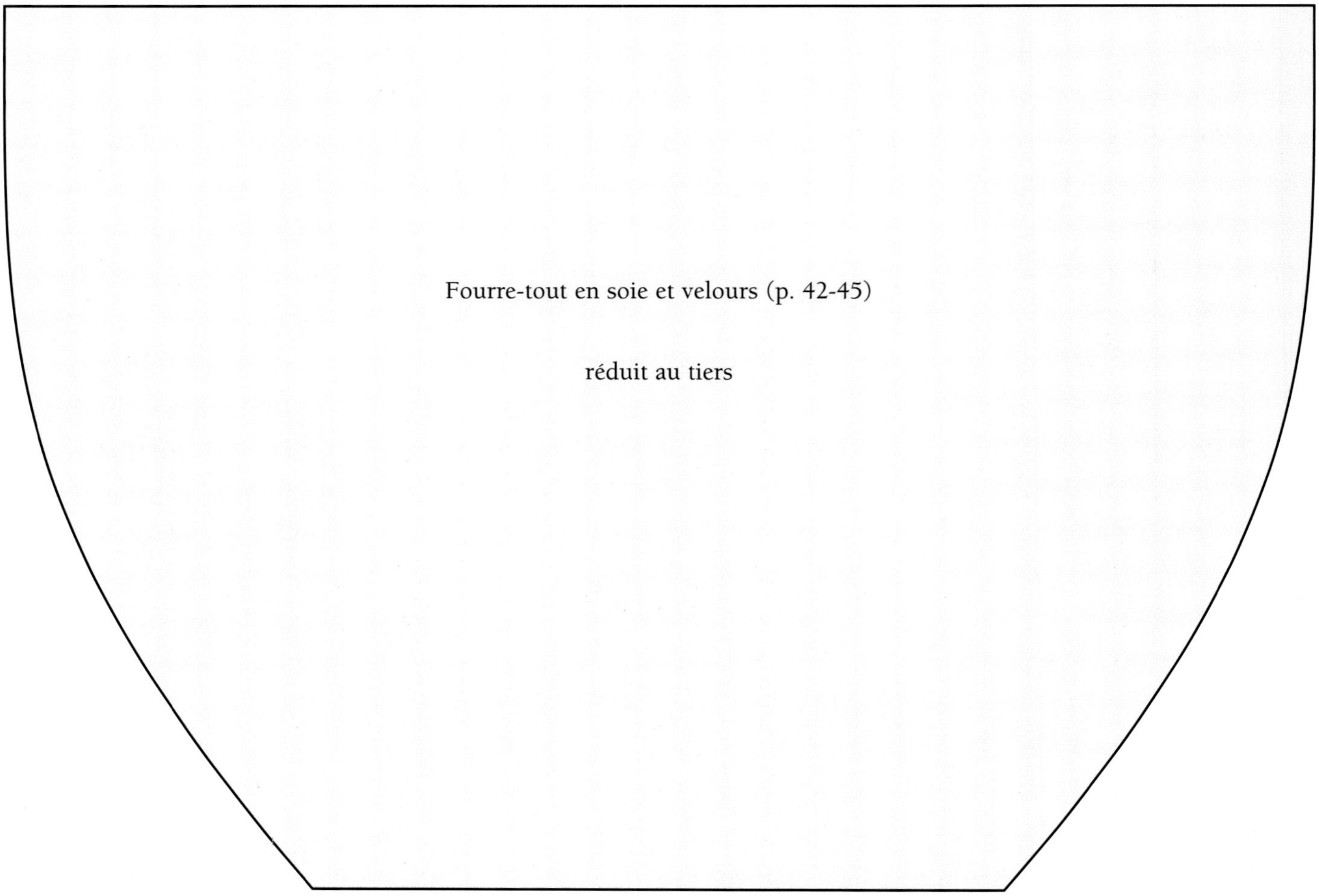

Fourre-tout en soie et velours (p. 42-45)

réduit au tiers

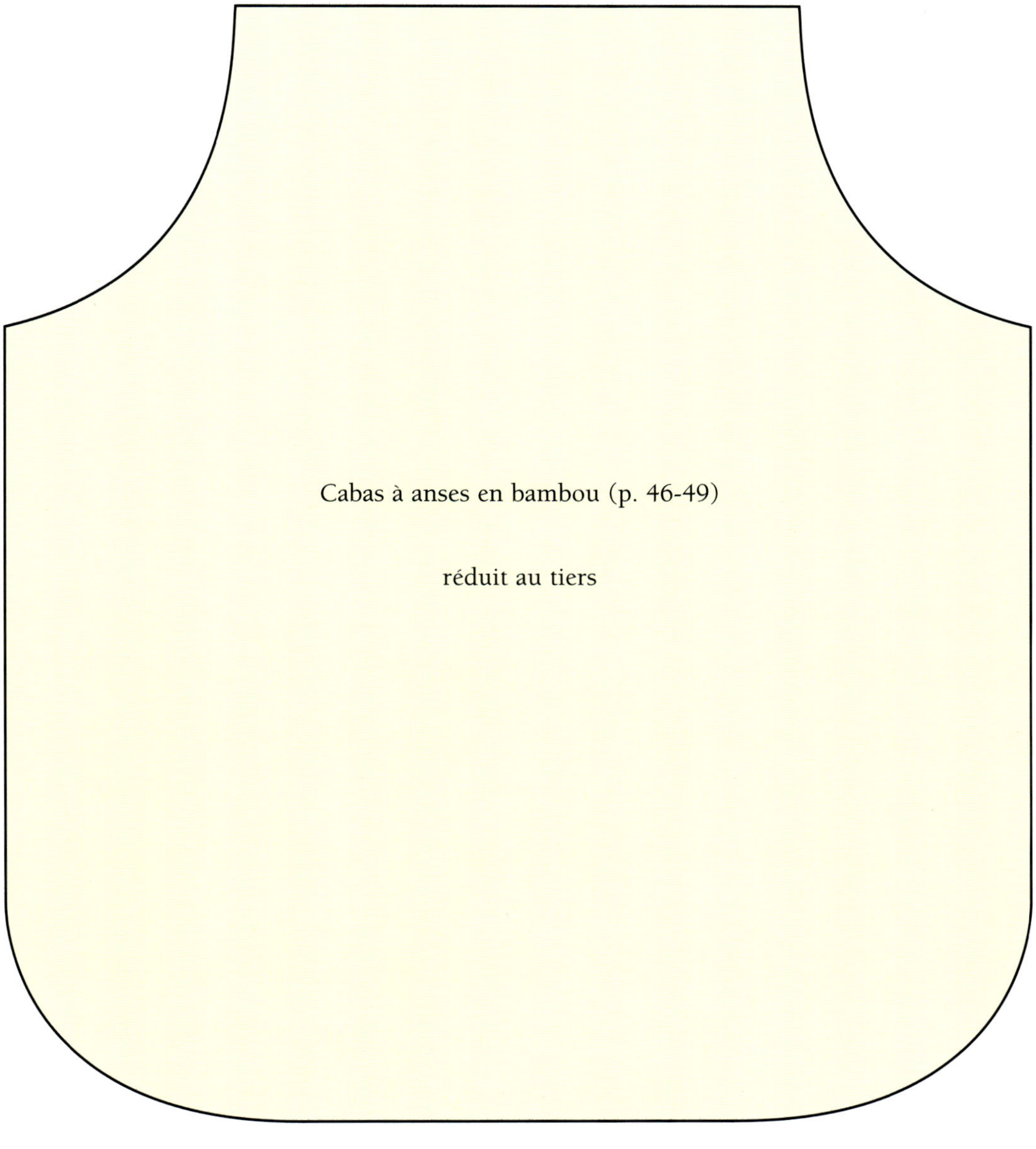

Cabas à anses en bambou (p. 46-49)

réduit au tiers

Cabas multicolore (p. 50-53)

rectangles réduits au tiers fleurs à la taille réelle

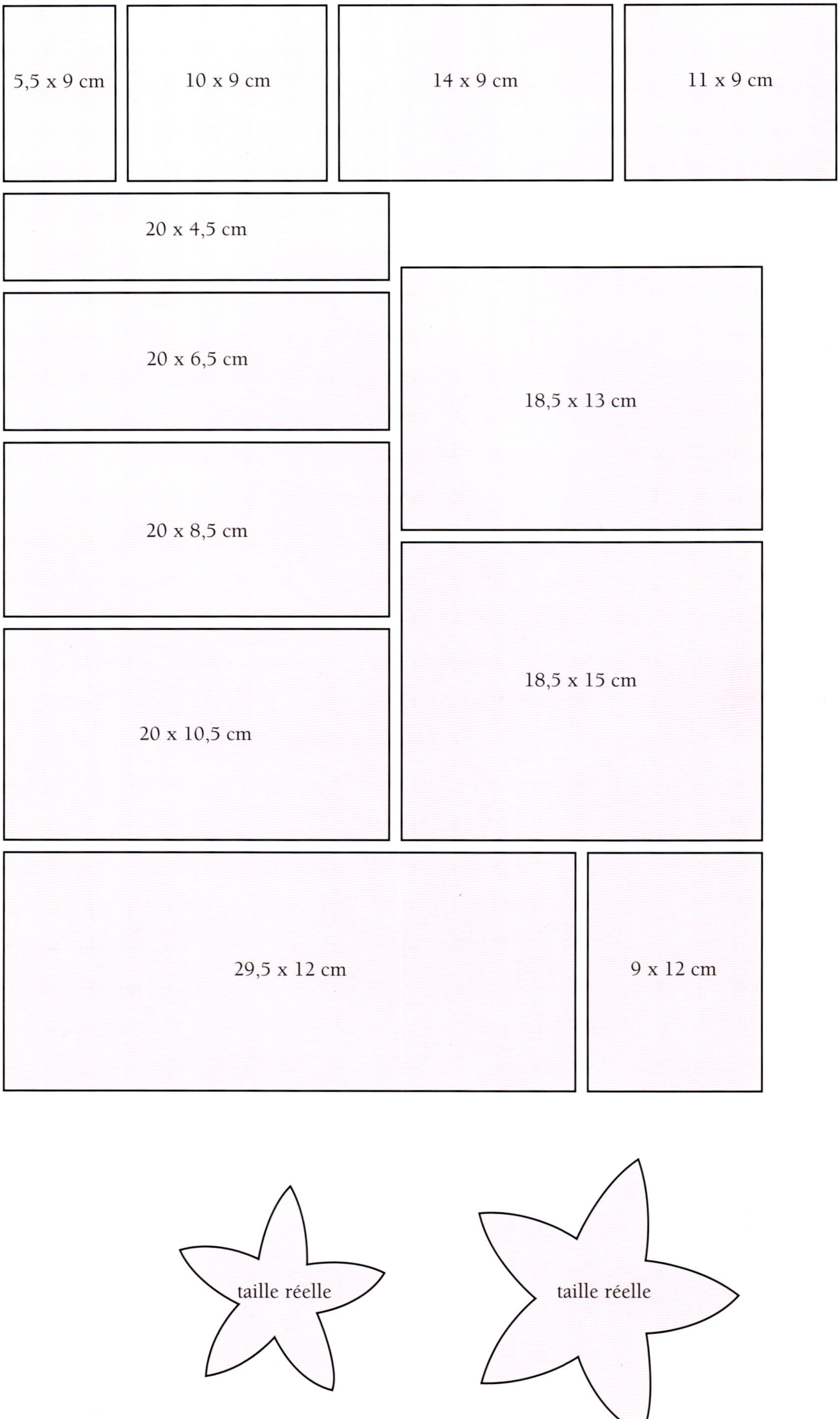

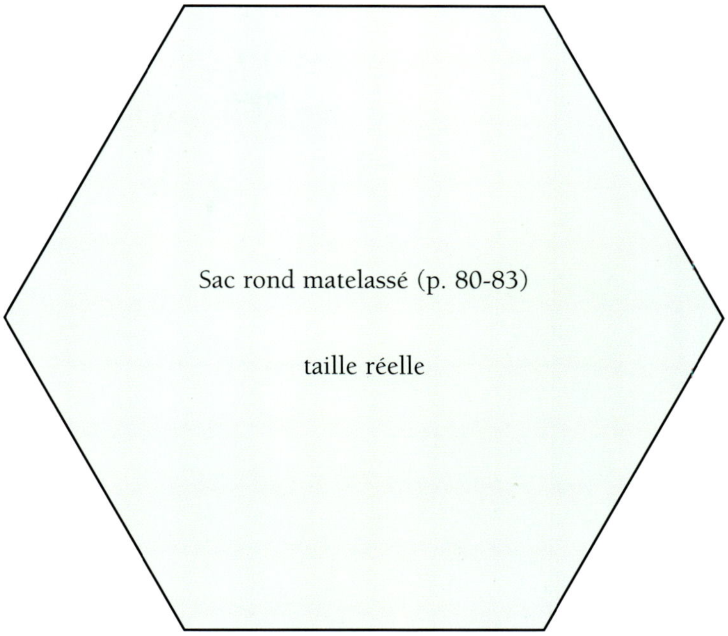
Sac rond matelassé (p. 80-83)
taille réelle

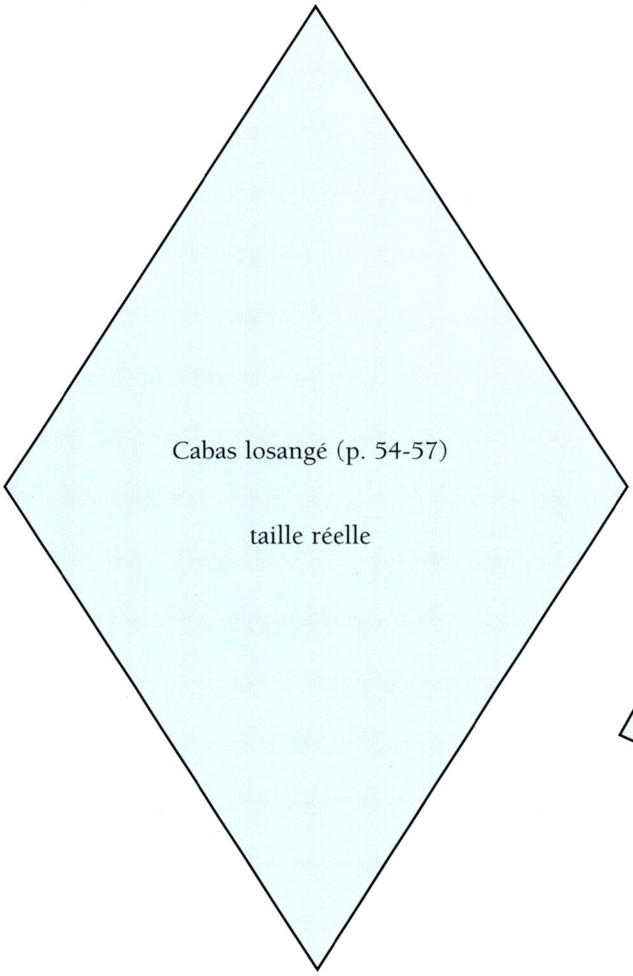
Cabas losangé (p. 54-57)
taille réelle

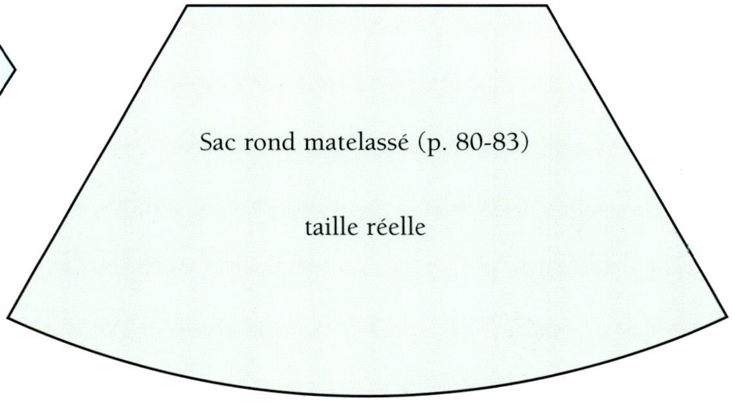
Sac rond matelassé (p. 80-83)
taille réelle

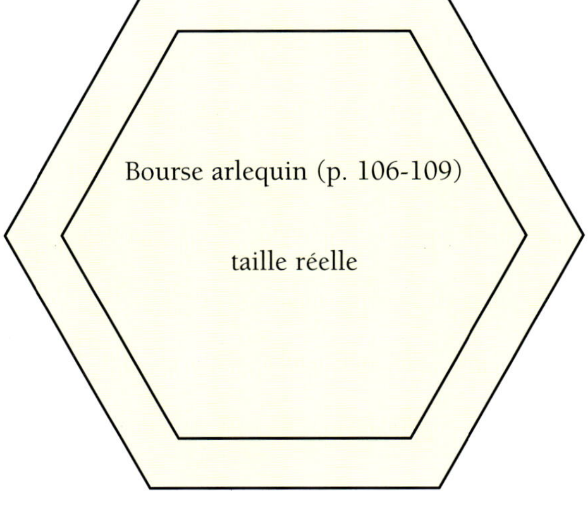
Bourse arlequin (p. 106-109)
taille réelle

Sac voiliers (p. 68-71)

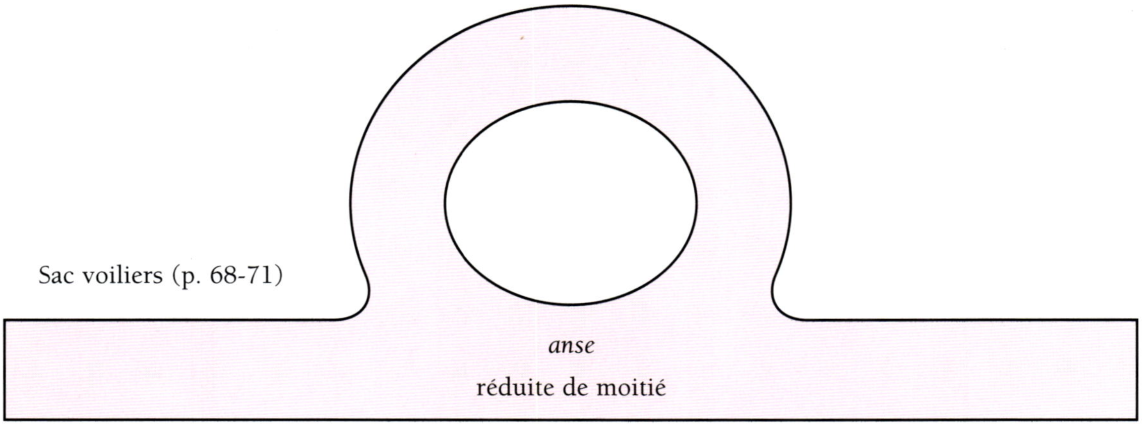

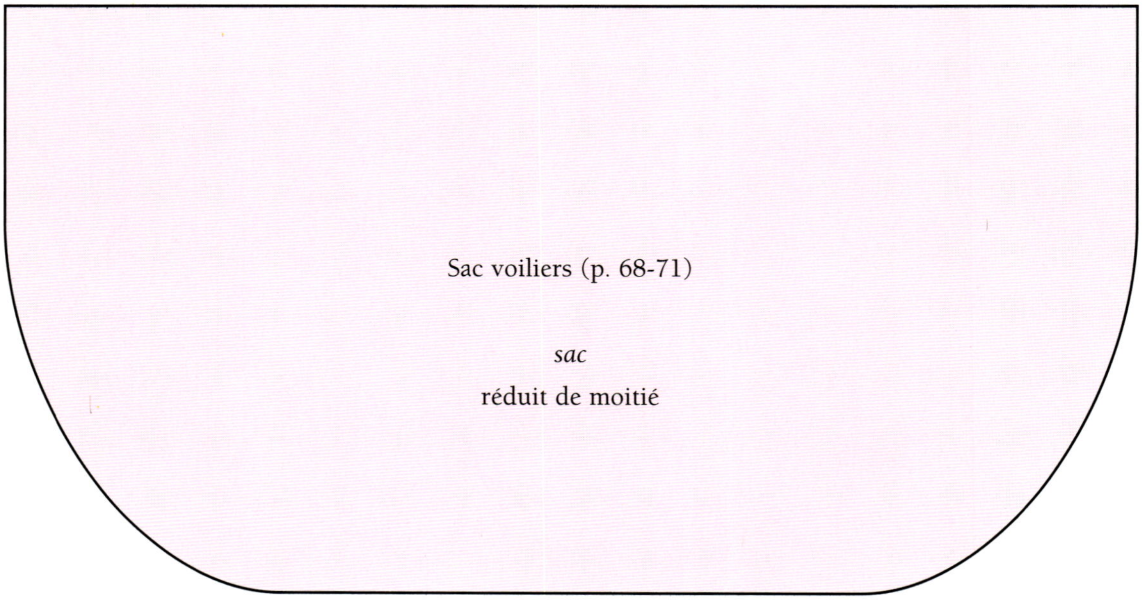

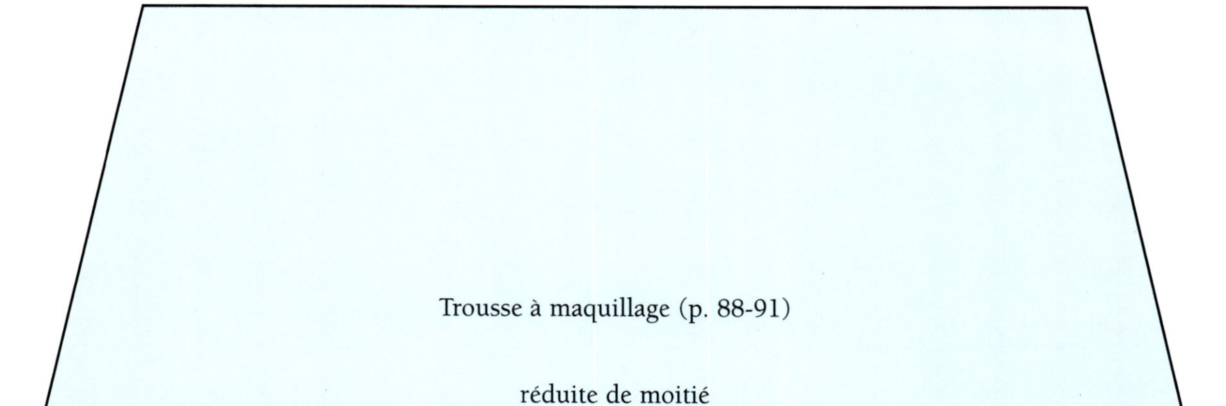

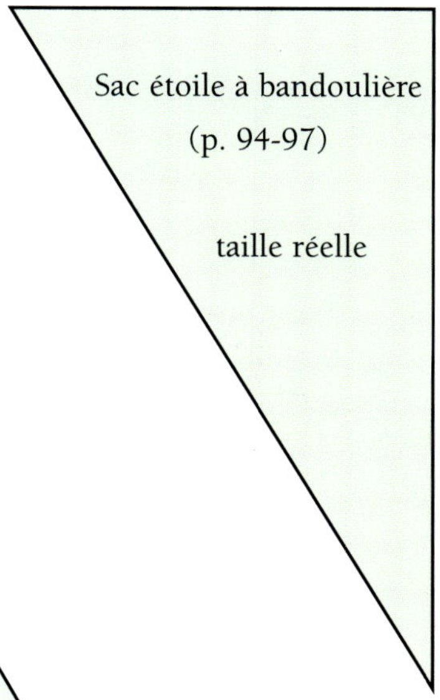
Sac étoile à bandoulière
(p. 94-97)
taille réelle

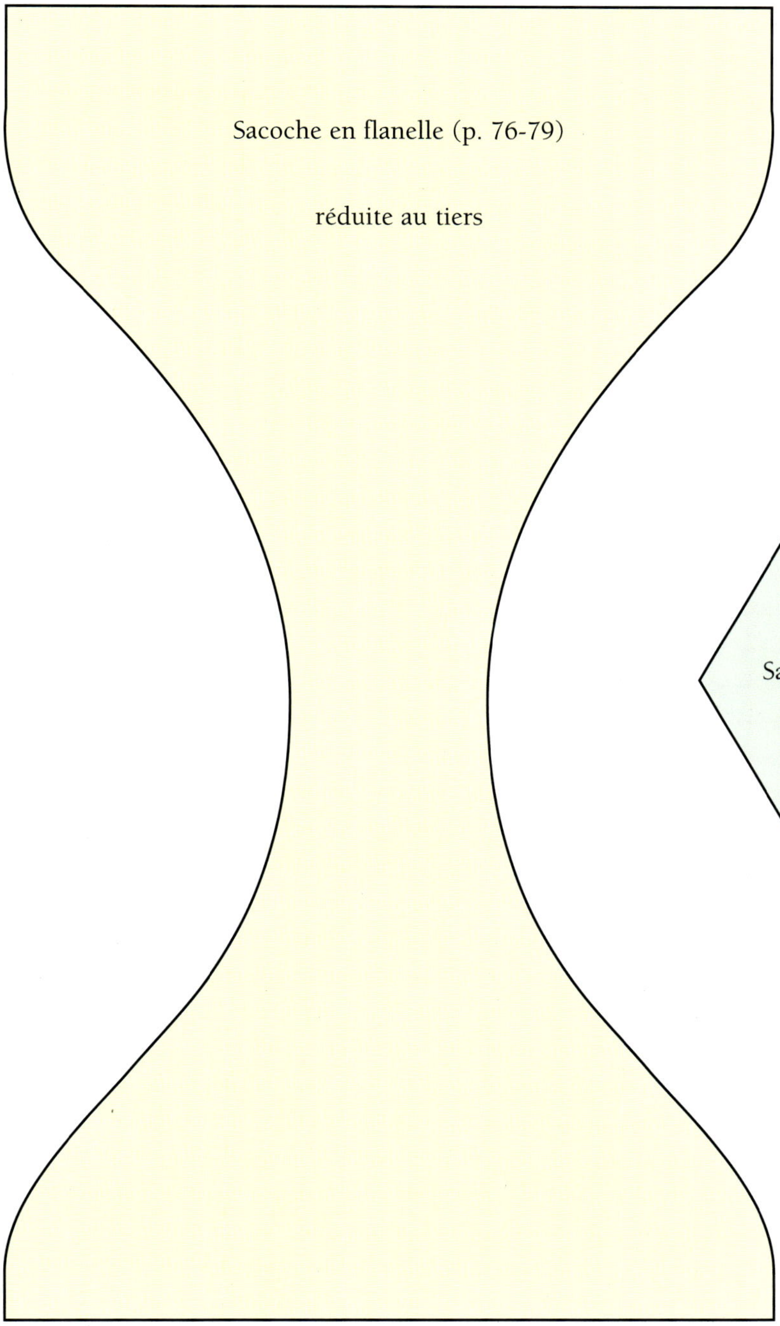
Sacoche en flanelle (p. 76-79)
réduite au tiers

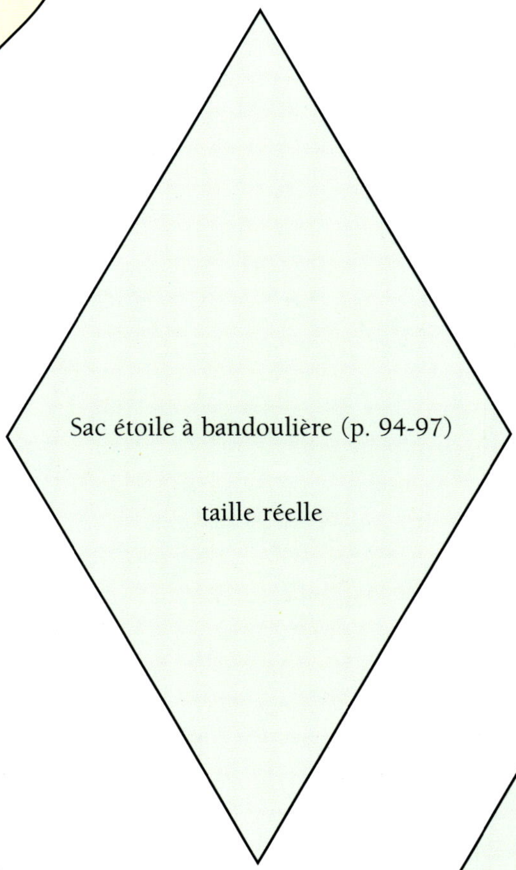
Sac étoile à bandoulière (p. 94-97)
taille réelle

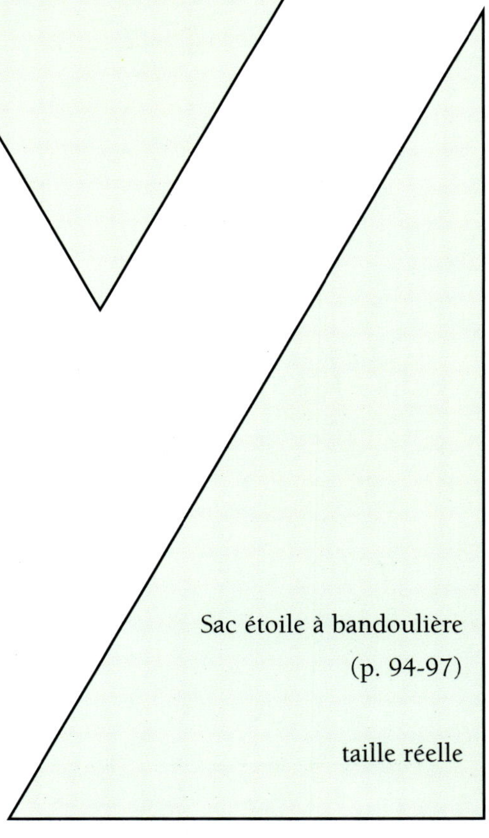
Sac étoile à bandoulière
(p. 94-97)
taille réelle

index